LÜZZ

KARINA TACONI

SOCIEDADE com Deus

30 dias para uma **empresa próspera** à luz da Bíblia

LUZZ

KARINA TACONI

SOCIEDADE com Deus

30 dias para uma **empresa próspera** à luz da Bíblia

LUZZ

Sumário

Prefácio

Se tem uma coisa que eu aprendi no esporte, nos negócios e na vida é que nada de verdade permanece de pé quando a base está errada.

Você pode ter a melhor estratégia, a equipe mais talentosa, o produto mais inovador; se o fundamento não for sólido, cedo ou tarde tudo desmorona.

Este livro é sobre fundamento. Sobre o que ninguém vê, mas sustenta tudo. Sobre construir uma empresa — e uma vida — com princípios que não mudam, mesmo quando o mercado vira do avesso, mesmo quando a pressão parece insuportável.

Quando a Karina me falou sobre esse projeto, eu pensei: **as pessoas precisam ler isso**. Porque a gente fala muito de marketing, de vendas, de gestão... e pouco sobre o que realmente dá sentido a tudo isso: o propósito. E não existe propósito maior do que fazer sociedade com Deus.

Nessas páginas, você vai encontrar muito mais que estratégia. Vai entender que sucesso de verdade não é só o que coloca no CNPJ. É o que sustenta o CPF. É o tipo de vitória que honra a Deus no contrato e na vida. Que constrói resultado sem perder o caráter.

Talvez você abra este livro atrás de um manual para o seu negócio. Mas pode terminar encontrando direção para sua vida.

E aqui vai uma sequência que carrego como filosofia: **saúde**, **família**, **trabalho**. Não inverta a ordem. Porque quando a sua saúde (e eu estou falando da espiritual primeiro) está no lugar, todo o resto se organiza. É a saúde espiritual que sustenta a saúde mental e a física. É ela que dá direção, traz paz em meio à pressão, coloca propósito em cada resultado. Se o que você constrói não começa dentro, não vai permanecer.

Então, faço um convite: leia com coragem. Questione. Aplique. Ore. Faça desses trinta dias um marco. Porque não é só sobre ter uma empresa próspera. É sobre ter uma história que vale a pena ser contada.

Que este livro seja um divisor de águas para você.

E lembre-se: saúde, família, trabalho. Não inverta a ordem.

Boa leitura.

Abraços,
Joel Jota

Como usar este livro

Caro leitor, este livro foi estruturado como um devocional de trinta dias, mas não precisa ser lido de forma linear ou cronológica. Ainda que os dias estejam numerados, cada reflexão é independente, com um tema único, um versículo bíblico central, aplicação prática e a seção "hora de virar a chave", que apresenta um checklist final, reflita e anote suas ideias nas linhas disponíveis ao final de cada dia. Isso significa que você pode começar pelo tema que mais tocar seu coração ou que melhor se encaixar no momento que está vivendo em sua jornada empresarial.

A única recomendação é que você complete os trinta dias de leitura e prática, independentemente da ordem escolhida. Você pode:

- **Escolher um tema de acordo com o desafio do dia;**
- **Compartilhar um dos dias com a equipe e aplicar em grupo;**
- **Repetir os dias que mais fizerem sentido para sua fase atual;**
- **Escrever seus pensamentos e orações sobre as reflexões;**
- **Usar a seção "hora de virar a chave" como bússola para aplicar na prática a Palavra de Deus ao seu negócio.**

Este é um livro atemporal. Você pode voltar a ele quantas vezes quiser. Sempre haverá algo novo para o Espírito Santo revelar em cada leitura.

A leitura pode ser devocional, reflexiva ou estratégica. A escolha é sua. O importante é seguir com constância, compromisso e abertura para deixar Deus agir como sócio e conselheiro da sua empresa.

Ao longo deste livro, você encontrará versículos extraídos de diferentes traduções da Bíblia. Essa escolha foi feita com carinho para que cada mensagem seja transmitida de forma clara para o seu momento de reflexão com Deus. As traduções utilizadas foram: Almeida Corrigida Fiel, Almeida Revista e Atualizada, Almeida Revista e Corrigida, Nova Almeida Atualizada, Nova Tradução na Linguagem de Hoje, Nova Versão Internacional e Nova Versão Transformadora.

Introdução

Consagre ao Senhor tudo o que você faz,
e os seus planos serão bem-sucedidos.
Provérbios 16,3

Este é um livro que combina experiências, marketing, empreendedorismo e espiritualidade para empresários. Provavelmente é o primeiro devocional que você vai ler com essa abordagem.

Seria possível ter o melhor mentor de marketing, vendas e finanças, que nunca falha, cuja sabedoria transcende o tempo e cujas direções garantem prosperidade e paz verdadeira? Este mentor é Deus, e Ele deseja ser seu sócio na sua jornada empresarial. Por incrível que pareça, a Bíblia tem toda a orientação necessária para você criar a melhor estratégia e alcançar o sucesso financeiro que tanto almeja, fazendo a vontade de Deus e colocando-O no centro do seu negócio.

Na época em que vivemos, o mercado muda rapidamente, as demandas são incessantes e a pressão para prosperar é constante. Mas e se você pudesse gerir seu negócio não apenas com estratégias humanas, mas com princípios eternos? E se houvesse um caminho que não apenas conduzisse à prosperidade financeira, mas também à paz, à integridade e à satisfação plena?

Sociedade com Deus: 30 dias para uma empresa próspera à luz da Bíblia é um devocional de trinta dias, no qual você aprenderá a aplicar princípios bíblicos práticos para superar desafios, tomar decisões com sabedoria e construir um negócio que glorifica a Deus enquanto traz frutos abundantes.

Este é o guia para aqueles que sabem que apenas esforço humano não basta. Para você, empreendedor ou empresário, que deseja encontrar um propósito maior em sua jornada empresarial e colocar Deus no centro de suas decisões e conquistas.

A cada página você será desafiado a pensar de maneira diferente, agir com coragem e confiar em um Deus que deseja o seu sucesso. Vamos falar de marketing, de gestão de pessoas, liderança, vendas, finanças, tudo com base na Bíblia e com experiências reais. Não se trata apenas de crescer financeiramente, mas de construir algo que permaneça, que inspire outros e que seja uma extensão do Reino de Deus na Terra.

Ao final desta jornada, você não será apenas um empresário mais preparado, mas também um ser humano mais conectado ao maior e mais fiel sócio que você poderia ter: Deus.

Você está pronto para dar o próximo passo e descobrir como sua fé pode revolucionar seu negócio e sua vida? Este livro pode ser o divisor de águas nesse processo. Abra-o, mergulhe e veja Deus transformar cada área da sua empresa.

“Ainda acredito que conhecimento sem Deus não vai te levar ao propósito. Você pode estudar, aprender, praticar e ainda assim tomar decisões tolas que te farão perder tempo.”

Dia 01

Sabedoria: o ativo mais lucrativo do líder visionário

Mais vale adquirir sabedoria do que ouro; adquirir discernimento é melhor que a prata.
Provérbios 16,16

Como ter uma empresa próspera e bem-sucedida à luz da Bíblia? O que ela nos ensina sobre conhecimento, produtividade, bênçãos financeiras e negócios? E se você pudesse convidar Jesus para um café, sentar-se com ele à mesa, e pedir direção para sua empresa — um conselho sobre a contratação de pessoas, sobre seus investimentos, finanças, sociedade e tudo que esteja relacionado ao seu negócio?

Sim, também acho que seria maravilhoso! E estou aqui para te dizer que nos próximos trintas dias você terá a oportunidade de se aproximar de Deus e colocar nas mãos Dele a sua empresa. Você verá aqui os melhores conselhos bíblicos para ter um empreendimento de sucesso.

Nesta primeira lição, o tema é "adquirir sabedoria" e, para isso, vou trazer uma ilustração, um versículo bíblico e uma frase de um dos presidentes dos Estados Unidos.

Uma parábola bem conhecida conta que um velho lenhador experiente foi desafiado por um forte jovem para uma disputa: quem cortaria mais árvores. O jovem, com toda a energia e vigor, derrubou muitas árvores, e se empolgava mais ainda ao ver que a cada meia hora seu oponente se sentava para descansar. No final do dia, o jovem — convencido de que havia ganhado a aposta — se surpreendeu ao ver que o lenhador tinha vencido. Cortara mais árvores do que ele. Então perguntou:

— Mas como isso é possível se o senhor parou tantas vezes para descansar?

E o lenhador respondeu:

— Você achou que eu estava descansando, mas eu estava **afiando o machado**.

Na Bíblia, encontramos um versículo que segue essa mesma vertente: "Se o machado está cego e sua lâmina não foi afiada, é preciso golpear com mais força; agir com sabedoria assegura o sucesso" (Eclesiastes 10,10). Esse mesmo versículo, na versão bíblica da Nova Tradução na Linguagem de Hoje, diz: "Se você deixa o machado perder o corte e não o afia, terá de trabalhar muito mais. É mais inteligente planejar antes de agir".

Por fim, a Abraham Lincoln, o 16º presidente norte-americano, que governou os Estados Unidos entre 1861 e 1865, é atribuída uma frase que, mesmo com algumas variações a respeito do tempo, complementa muito bem essa ideia: "Se eu tivesse somente oito horas para cortar uma árvore, gastaria seis afiando o machado".

Essas três colocações levam à mesma conclusão. Afiar o machado é se preparar antes de agir. Planejar, ter as ferramentas certas, buscar conselhos e principalmente conhecimento.

Lembro-me de quando, no período da pandemia, em meados de 2020, as empresas começaram a fechar e falir. Decidi que precisava fazer algo a respeito. Tenho quatro unidades de uma universidade e trabalho com a venda de cursos de graduação e pós-graduação à distância. Os gestores das demais franquias me ligavam desesperados, afirmando que o negócio não resistiria e que iríamos sucumbir ao caos.

Naquele momento, vi que teria de orar, inovar e estudar algum meio ou estratégia que se adequasse àquele cenário. Comecei a ler sobre tráfego pago e marketing, retomando os conhecimentos já enferrujados da minha primeira formação em marketing, em 2012. Passei madrugadas estudando o assunto e, por fim, senti-me preparada para começar a anunciar na internet, já que não era possível sair às ruas para ações comerciais ou receber alunos presencialmente. E deu muito certo! Logo os demais gestores me perguntavam o que eu havia feito para liderar o ranking nacional de vendas em meio à pandemia. E a resposta foi clara: busquei um conhecimento que até então eu não tinha.

Ainda acredito que conhecimento sem Deus não vai te levar ao propósito. Você pode estudar, aprender, praticar e ainda assim tomar decisões tolas que te farão perder tempo. É claro que a oração não vai te livrar de todos os desafios da vida de empreendedor, afinal, é importante que você atravesse fases difíceis para crescer e se tornar cada dia melhor. Porém, o que quero dizer é que orando e buscando a direção em Deus ele irá te orientar para passar pelos desafios de maneira mais sábia e alcançar a vitória. Sem arrependimentos e sem perda de tempo.

O melhor e mais assertivo conselheiro é o Espírito Santo. Quanto tempo você tem investido em cursos, leitura, qualificação, aprendizado e oração? Além de buscar cursos, treinamentos, livros e estratégias, precisamos também investir na busca pela sabedoria divina. Comece o dia em oração ou meditação, pedindo a Deus orientação e clareza para enfrentar os desafios. Peça a Deus que mostre o que está oculto e então será revelado. Leia a Palavra, reflita e permita que princípios eternos moldem sua visão e suas decisões na empresa.

Talvez Deus ainda não tenha te entregado o melhor porque você não está preparado para receber. Deus quer que sua empresa cresça, que seu negócio prospere, e quer te usar em outros níveis e outros ambientes! Mas só vive o propósito quem suporta o processo. Só sobe ao pódio quem passou pelos treinos árduos. Lembre-se que uma meta sem um plano é somente um desejo.

O discernimento nos permite enxergar o que os olhos humanos não conseguem ver: oportunidades ocultas, relacionamentos que merecem cuidado e momentos em que é preciso parar, ouvir e aprender.

Você tem afiado o seu machado para tomar as melhores decisões? Acredita que está investindo tempo suficiente para aprender mais e se relacionar com seu Criador?

Hora de virar a chave

- **Há quanto tempo você não investe em cursos e treinamentos para você e sua equipe? Você considera isso importante?**

Se sim, estabeleça uma data máxima para colocar essa ideia em prática.

- **Quais foram os últimos cursos e livros que você leu sobre liderança, marketing, finanças e vendas? Acredita que está no momento de se atualizar e investir em conhecimento? Estabeleça uma data máxima para cumprir essa meta.**
- **Você tem o hábito de orar todos os dias pela sua empresa e seus colaboradores? Se ainda não tem, considere orar e ler a Palavra de Deus todos os dias antes de ir à empresa. Com certeza, você começará a notar os livramentos e o direcionamento do Espírito Santo em suas decisões.**

“Ore e coloque cada um dos seus planos nas mãos de Deus, e sempre pergunte a Ele se esses planos estão de acordo com a vontade Dele e com o propósito divino para o qual você foi chamado.”

Dia 02

O método dos grandes: como planejar antes de agir e multiplicar resultados

Os planos bem elaborados levam à fartura;
mas o apressado sempre acaba na miséria.
Provérbios 21,5

O planejamento é a chave para a prosperidade. Como empreendedores, enfrentamos diariamente o desafio de equilibrar a necessidade de ação com a paciência do planejamento. Vivemos em um mundo acelerado, no qual o imediatismo é exaltado e decisões rápidas são muitas vezes vistas como sinal de competência. No entanto, o livro de Provérbios nos dá um alerta valioso: fartura e sucesso não vêm da pressa, mas de planos bem elaborados.

Planejar é mais do que traçar metas; é parar para refletir, avaliar riscos, calcular recursos e prever desafios. Você tem o hábito de reunir sua equipe para alinhamento? Qual a sua meta para esse mês? Você estabeleceu um valor bem específico de quanto quer lucrar no mês, no ano e daqui a cinco anos? Antes de dizer "sim" a uma oportunidade, pergunte-se: "Essa decisão está alinhada com os planos que tracei? Ela contribui para meu propósito maior?".

No início da minha carreira, eu era uma pessoa impulsiva. Daquelas que executam mais do que pensam e planejam. Via uma oportunidade e não calculava muito antes de aceitar. Por esse motivo, entrei em parcerias que me trouxeram problemas desnecessários e comecei a administrar muitos negócios ao mesmo tempo, o que me causava ansiedade. Fazendo tanta coisa, sem foco e sem planejamento, tinha vários projetos iniciados, mas poucos bem-sucedidos e realizados. Até que, certo dia, decidi mudar a rota e focar somente naquilo que eu podia planejar e executar com estratégia. Como diz o versículo: "Pois qual de vós, querendo edificar uma torre, não se assenta primeiro a fazer as contas dos gastos, para ver se tem com que a acabar?" (Lucas 14,28). A Bíblia é um manual da vida e um manual para o empreendedor.

Ao mesmo tempo, lembre-se de que o planejamento não é desculpa para paralisia. Ele é um trampolim para a ação correta no momento certo. O apressado busca atalhos, mas o sábio entende que o verdadeiro progresso exige passos firmes, um de cada vez.

Ore e coloque cada um dos seus planos nas mãos de Deus, e sempre pergunte a Ele se esses planos estão de acordo com a vontade Dele e com o propósito divino para o qual você foi chamado. Além disso, estabeleça metas e objetivos claros e bem definidos.

Nos meus treinamentos de vendas, gosto de citar a Bíblia e alguns livros de Napoleon Hill. Ele estudou durante vinte anos a vida das pessoas mais bem-sucedidas da época — como Henry Ford, Thomas Edison e Andrew Carnegie — e elencou os hábitos que essas pessoas tinham em comum que faziam com que elas fossem mais bem-sucedidas financeiramente do que as outras. Hill identificou que o primeiro passo para alcançar o sucesso é um objetivo bem definido, fundamental para direcionar os esforços e decisões.[1] O autor enfatiza a importância de:

- **Escolher um objetivo principal com cuidado;**
- **Escrever o objetivo e colocá-lo num lugar visível;**
- **Ter consciência de que há um preço a pagar para conquistar um objetivo;**
- **Organizar os pensamentos, atos e investimentos para a realização do objetivo.**

Faz muito sentido e vai ao encontro da nossa segunda lição, não é mesmo? Hoje, reserve um momento para revisar seus planos e objetivos. Busque a Deus em oração e peça sabedoria para

---

[1] Napoleon Hill, *Quem pensa enriquece!* Porto Alegre: Citadel, 2020.

discernir o que precisa ser ajustado e coragem para seguir adiante no tempo certo. Trace metas para sua semana, seu mês, seu ano, e para daqui a cinco anos. Mas seja específico! Defina valores, locais, pessoas. Esse é um passo determinante para que qualquer empresa ascenda ao próximo nível.

Que seus planos sejam bem elaborados e guiados pela sabedoria divina, levando você à fartura em todas as áreas da sua vida — não somente financeira, mas também em relação a propósito, relacionamentos e paz.

Hora de virar a chave

- **Qual foi a última vez que você fez uma reunião de alinhamento com sua equipe? Estabeleça uma data para se reunirem e anote a pauta para planejarem o próximo mês.**
- **Você considera que sua empresa está bem planejada e organizada financeiramente? Você definiu um valor exato de faturamento que quer alcançar? Estabeleceu um prazo e metas para atingir esse objetivo?**

“A diligência é uma habilidade que se adquire, combinando persistência, esforço inteligente, planejamento e o desejo de servir ao próximo com amor. Lembre que nossa excelência também é um testemunho de nossa fé.”

Dia 03

O poder oculto da dedicação e da diligência no crescimento empresarial

O preguiçoso muito quer e nada alcança, mas os que trabalham com dedicação prosperam.
Provérbios 13,4

O princípio da dedicação ao trabalho é um fundamento inabalável na vida de um líder e empreendedor. Deus nos chama a exercer nossa vocação com diligência, não somente como meio de subsistência, mas como forma de glorificar o Criador com nossas habilidades e esforços. Quando trabalhamos com excelência e propósito, honramos aquele que nos deu a capacidade de realizar grandes coisas.

A Bíblia reforça esse conceito em diversos trechos. Em Provérbios, por exemplo, lemos: "Você já observou um homem habilidoso em seu trabalho? Será promovido ao serviço de reis; não trabalhará para gente obscura" (Provérbios 22,29). Esse versículo diz que dedicação e habilidade nos levam a lugares de honra, visibilidade e influência.

Quer mais vendas e maior visibilidade para o seu negócio? Essa é uma habilidade de marketing pouco divulgada, mas muito poderosa: trabalhe com **diligência**! Nos meus treinamentos de vendas para equipes e nas mentorias para empresários sempre faço estas perguntas: "O que você está fazendo de diferente da sua concorrência? O que você faz que ninguém mais faz? Em qual aspecto você é reconhecido pela sua qualidade e excelência? Qual é a sua vantagem competitiva?".

Explicando de maneira direta, vantagem competitiva é a capacidade de uma marca ou empresa de entregar seus produtos ou serviços com qualidade superior ou menor custo em detrimento de seus concorrentes. Se você fizer algo de maneira notável e com qualidade superior à de seus concorrentes, algo diferente, que eles não estejam fazendo, isso é uma diligência no seu negócio. Mas além de fazer, é preciso comunicar. Mostre às pessoas o seu diferencial por meio de anúncios, campanhas e ações — presenciais ou virtuais.

De nada adianta um espaço bem localizado, decorado, bonito, uma fachada incrível, uma equipe grande, um produto de qualidade... se as pessoas não souberem que você existe. Gosto da ideia de que o marketing é o coração do negócio. Se você não souber comunicar, divulgar e vender seu produto, de nada adianta todo o investimento. Se o coração não estiver batendo, é provável que seu negócio esteja com os dias contados.

Quer um exemplo? Quando decidi deixar de advogar para empreender e abrir meu primeiro polo universitário em Presidente Prudente, no interior de São Paulo, sabe o que eu mais ouvia? "Olha, Karina, já tem muita gente no mercado da educação a distância... é muito concorrente, isso não vai dar certo."

Guardei esse conselho nada construtivo na caixinha que eu chamo de "informações ignoradas e não solicitadas" e continuei com o meu plano. "Eu só preciso de uma vantagem competitiva", pensei. Tenho que fazer algo muito diferente do que os demais estão fazendo e mostrar isso para a região toda.

No mês de inauguração do negócio, promovi uma palestra gratuita depois das 18h, e, como já imaginava, as pessoas foram direto do trabalho, cansadas e, em alguns casos, com fome. Após a palestra, comuniquei que a universidade estava oferecendo massagem nos pés gratuita aos participantes — havia um equipamento para esse fim no auditório. Enquanto as pessoas aproveitavam a massagem, meus colaboradores passavam servindo lanchinhos e bebidas. Imagine só uma experiência dessas! Será que alguma outra universidade teve essa ideia? Pelo menos na minha região, não. Mas não bastava a ideia inovadora e a experiência gerada. Era preciso comunicar. Filmamos tudo e divulgamos nos *stories* do Instagram, o que rendeu milhares de curtidas e compartilhamentos.

Minha empresa continuou promovendo e divulgando ações "diferentonas" como essa. Logo nossa unidade foi premiada pela matriz como o melhor atendimento da rede e reconhecida dessa mesma forma em nossa cidade, o que aumentou consideravelmente o número de matrículas e culminou na abertura da nossa segunda franquia, em Bauru-SP.

Só aqui já encontramos outra forte técnica de marketing que é muito bem explicada pela neurociência. É o poder da presença: quem não é visto não é lembrado. Essa vantagem competitiva não teria utilidade se eu não comunicasse isso aos meus potenciais clientes. E você, no seu negócio, também precisa ser visto. Quanto mais você e sua marca estiverem presentes, maior será o vínculo e a confiança que as pessoas depositarão em você. Se você vender mais, será mais indicado e recomendado, fortalecendo o seu *branding* — sua marca.

A neurociência chama esse fenômeno de efeito da mera exposição (*mere exposure effect*). Quanto mais o cérebro é exposto a um estímulo, seja uma pessoa, uma marca, um ambiente etc., mais familiar e confiável ele se torna — mesmo que não haja interação direta. O cérebro associa frequência com segurança. Quanto mais vezes você aparece — de forma positiva, constante e contributiva —, mais fácil é gerar confiança e influência sem esforço direto. Por isso, quem some perde espaço. E quem aparece e se faz presente torna-se referência.

No livro *Manual de persuasão do FBI*, Jack Schafer, ex-agente do FBI, conta que alguns suspeitos apresentavam forte resistência a compartilhar informações com a polícia. Por isso, um agente, que o suspeito ainda não conhecia, passava a frequentar os mesmos restaurantes, supermercados e outros espaços públicos que o suspeito. Sem qualquer interação. Sem cumprimentar. Apenas aparecendo.

Quando o suspeito, depois de um tempo, era novamente chamado a depor, era esse mesmo agente que o interrogava. O suspeito, é claro, o reconhecia e até afirmava: "Acho que já te vi em algum lugar!". A partir daí, ele se sentia mais confortável e revelava todas as informações que a polícia solicitava.[2]

E isso só pelo efeito da mera exposição. Sem qualquer interação. Ser presente e frequente é o principal requisito em uma relação de confiança. Por isso, em um trabalho diligente, é importante que o empresário tenha a consciência de que deve ser visto e seu trabalho, divulgado.

A diligência é uma habilidade que se adquire, combinando persistência, esforço inteligente, planejamento e o desejo de servir ao próximo com amor. Lembre que nossa excelência também é um testemunho de nossa fé.

Como já dito, a diligência e a excelência te colocarão entre os reis. Se você for criativo o bastante para continuar inovando e fazendo coisas que sua concorrência não faz, se fazendo presente, comunicando, mostrando isso em suas redes sociais, logo terá notoriedade e influência. As vendas e o lucro serão apenas consequência.

Você sente que te faltam **criatividade** e **capacitação** para desenvolver ações e projetos inovadores para sua empresa? Sabia que Deus pode te dar essa criatividade?

Outro exemplo de diligência está em Colossenses: "Tudo o que fizerem, façam de todo o coração, como para o Senhor, e não para os homens, sabendo que receberão do Senhor a recompensa da herança. É a Cristo, o Senhor, que vocês estão servindo" (Colossenses 3,23-24). Essa passagem nos encoraja a tratar nosso trabalho como um ato de adoração, reconhecendo que nossa verdadeira recompensa vem de Deus.

A preguiça é um inimigo sutil, mas poderoso. Provérbios nos adverte: "O preguiçoso deseja e nada consegue, mas os desejos do diligente são amplamente satisfeitos" (Provérbios 13,4). A preguiça pode, inclusive, ser identificada na negligência em buscar soluções, ao evitar responsabilidades ou adiar decisões importantes.

---

[2] Jack Schafer; Marvin Karlins, *Manual de persuasão do FBI*. São Paulo: Universo dos Livros, 2015.

Que este dia seja uma oportunidade de renovar seu compromisso com a dedicação. Peça a Deus força para enfrentar os desafios e sabedoria para agir com integridade e eficácia. Reflita sobre como seu trabalho pode abençoar outras vidas!

Hora de virar a chave

- **Um jeito simples de saber se você tem trabalhado com diligência é perguntando aos seus clientes. Você tem o hábito de enviar pesquisas de satisfação para eles? Se ainda não tem essa prática, que tal começar hoje? Pergunte aos seus clientes se estão satisfeitos com os produtos e serviços que sua empresa oferece. Para isso, você pode usar o Google Forms, é gratuito! Com esse recurso, você terá gráficos e metas, e saberá como agir para melhorar, inovar ou apenas manter a qualidade.**
- **Você tem o hábito de planejar ações inovadoras para sua empresa no início do mês? Que tal pensar em uma ação diferente? Anote-as!**
- **O que você sabe sobre redes sociais e tráfego pago? Você tem investido tempo e recursos para aprender a comunicar suas ações? Como estrategista de marketing, já atendi empresas que tinham produtos incríveis, mas que não investiram no digital e acabaram falindo por negligenciar uma ação tão importante. Crie vínculo emocional e conexão com seus clientes através das redes sociais! Mostre o dia a dia da empresa, fale com eles nos *stories*, crie vínculo! As pessoas compram de outras pessoas. Por isso vemos alguns *feeds* lotados de imagens pouco atrativas e sem engajamento, sem humanização. Que tal fazer hoje mesmo um planejamento para alavancar suas redes sociais?**

Talvez você ainda não conheça o texto que vou apresentar a seguir, em que o próprio Deus capacitou uma pessoa com dons artísticos, nomeou um assistente para ela e ainda instruiu uma equipe inteira para o projeto! Entenda: quando você está trabalhando em algo que está de acordo com os propósitos de Deus, Ele mesmo se encarrega de providenciar pessoas capacitadas — ou te capacitar — para realizar o trabalho. Mas isso não significa que você também não tenha que investir em conhecimento, estudando, lendo e aprendendo novas habilidades.

> Moisés disse ao povo de Israel:
> — O Senhor Deus escolheu Bezalel, filho de Uri e neto de Hur, da tribo de Judá. Deus o encheu com o seu Espírito e lhe deu inteligência, competência e habilidade para fazer todo tipo de trabalho artístico; para fazer desenhos e trabalhar em ouro, prata e bronze; para lapidar e montar pedras preciosas; para entalhar madeira; e para fazer todo tipo de artesanato. O Senhor deu a Bezalel e a Aoliabe, filho de Aisamaque, da tribo de Dã, o dom de ensinar os outros. Ele lhes deu habilidade para fazerem todos os trabalhos de gravador e de desenhista, para tecerem linho fino e fios de lã azul, púrpura e vermelha e para fazerem outros tecidos. Eles têm habilidade para todo tipo de trabalho e para fazer desenhos. (Êxodo 35,30-35)

Ore para que o Senhor capacite e dê sabedoria a você e a sua equipe para criar campanhas que façam sua empresa crescer e que ajudem as pessoas através dos seus serviços.

"Segundo a Bíblia, ignorar conselhos ou tentar agir sozinho frequentemente leva ao fracasso. Provérbios adverte: 'O orgulho só gera discussões, mas a sabedoria está com os que tomam conselho'

(Provérbios 13,10)."

Dia 04

Conselhos que valem milhões: como ouvir para prosperar

Onde não há conselho fracassam os projetos; mas com os muitos conselheiros há bom êxito.
Provérbios 15,22

Embora a tentação de seguir apenas nossa própria intuição seja forte, a Palavra de Deus nos ensina que o sucesso raramente é fruto do isolamento. Os projetos prosperam quando nos cercamos de conselheiros sábios e buscamos orientação.

Esse princípio é um lembrete de que ninguém atinge o sucesso sozinho. Grandes líderes reconhecem o valor da humildade em ouvir os outros, especialmente aqueles com experiência e discernimento. Provérbios reforça essa ideia: "Sem diretrizes a nação cai; o que a salva é ter muitos conselheiros" (Provérbios 11,14). A multiplicidade de conselhos oferece perspectivas diversificadas, reduz erros e amplia as chances de êxito.

Um exemplo prático dessa verdade está na vida de Moisés. Quando sobrecarregado por liderar o povo de Israel, foi aconselhado por Jetro, seu sogro, a delegar responsabilidades. Seguindo esse conselho, Moisés conseguiu liderar com mais eficiência e evitar o desgaste (Êxodo 18,13-26). Isso nos ensina que ouvir conselheiros não é um sinal de fraqueza, mas de sabedoria e visão de longo prazo.

Lembro-me de quando consegui meu primeiro cargo de direção em uma empresa de audiovisual, em Marília-SP, aos 23 anos. Cheguei com a falsa ideia de que teria que simplesmente dar ordens, afinal, era o que havia aprendido com os chefes que tive no decorrer dos anos. Naquela oportunidade, o proprietário da empresa me deu um livro chamado *O monge e o executivo*[3] e me disse que antes de exercer a função eu deveria aprender a ser líder. Foi desse livro que extraí os melhores conselhos sobre liderança, que transformaram minha vida, baseados nos ensinamentos de Jesus.

Mais tarde, comecei a entender a importância dos bons conselhos. Procurei estar com pessoas mais velhas, que já tinham alcançado o sucesso que eu tanto almejava — no trabalho principalmente. Essas pessoas me contaram sobre como caíram e se levantaram, erraram e aprenderam com os erros. E com isso eu pude tomar as melhores decisões para minha empresa.

Também procurei participar de grupos de networking. O primeiro deles foi um grupo de 450 mulheres empresárias da minha cidade, comandado pela querida amiga Denise Chizzolini, que me rendeu — e ainda rende — grandes parcerias, excelentes conselhos e muitas vendas. Também conheci o maior grupo de networking do mundo, o Business Network International (BNI), uma organização que está presente no Brasil todo e em mais de oitenta países. Recomendo que procure esse grupo na sua cidade caso não saiba por onde começar.

Outro meio que me rendeu os melhores conselhos foram as mentorias. Quem me conhece sabe que invisto em cursos desde os catorze anos. Nunca parei. Mas meus maiores resultados, de fato, vieram após contratar mentores.

Recentemente precisei tomar uma séria decisão que comprometeria toda a minha carreira. Era um passo bem decisivo, e, como qualquer outro empresário, senti insegurança e medo. Comecei a orar e pedir direção, mas ainda assim aquilo começou a me tirar o sono. Então decidi pedir ajuda e conselho a alguém que já havia passado por isso e obtido grandes resultados. (Eis uma boa dica: jamais peça conselhos de quem não construiu o que você deseja construir.) Contratei como mentor o Joel Jota,

---

[3] James C. Hunter, *O monge e o executivo: Uma história sobre a essência da liderança*. Rio de Janeiro: Sextante, 2004.

em um programa que coincidentemente é chamado de Conselho. Expliquei a ele tudo o que eu pretendia fazer, como e o porquê. Ele me orientou e me aconselhou de acordo com as próprias experiências. Consequência? Tive muito sucesso e excelentes resultados financeiros seguindo a orientação do Joel que ratificava a minha decisão. Mas contarei mais sobre isso nos próximos capítulos. Até aqui, o importante é que você saiba que a Bíblia te instrui a buscar conselhos e que esses conselhos não devem vir de qualquer um.

Ouça quem tem mais experiência. Seja humilde para receber instruções e será poupado de cometer erros que poderiam facilmente ser evitados. Talvez você já tenha errado diversas vezes e perdido muito tempo e dinheiro tentando acertar. Um caminho mais rápido e inteligente é pedir orientação ou contratar alguém mais experiente que você, que já tenha testado todos os métodos e saiba como chegar lá.

Segundo a Bíblia, ignorar conselhos ou tentar agir sozinho frequentemente leva ao fracasso. Provérbios adverte: "O orgulho só gera discussões, mas a sabedoria está com os que tomam conselho" (Provérbios 13,10). O orgulho nos cega para os perigos à frente, mas a humildade nos capacita a ver o que sozinhos não conseguimos.

Hoje, reflita sobre seus projetos. Existe algum plano que você tem hesitado em compartilhar? Alguma decisão difícil que tem carregado sozinho? Você tem investido tempo e recursos em grupos de networking ou está tentando fazer tudo por conta própria? Peça a Deus sabedoria para identificar os conselheiros certos em sua vida, pessoas que, de preferência, compartilhem da mesma fé que você, que possam orar com você, e peça coragem e humildade para buscar orientação.

Lembre-se: o sucesso não é apenas sobre o que você constrói, mas também sobre as parcerias e relacionamentos que você cultiva ao longo do caminho. Como diz Eclesiastes: "Melhor é serem dois do que um, porque têm melhor recompensa pelo trabalho [...] se um cair, o outro o levanta" (Eclesiastes 4,9-10).

Hora de virar a chave

- **Você está inserido em grupos de networking? Caso não esteja ainda, planeje quais eventos, espaços e pessoas podem te ajudar a acessar grupos alinhados com seus objetivos.**
- **Tem algum amigo empresário e cristão que possa te aconselhar e orar por você?**
- **Caso não tenha ninguém ao seu redor que já conquistou o que você almeja ou que já viveu o que você está vivendo, que tal buscar algum professor ou mentor para te ajudar?**

“Ao diversificar, estamos não apenas diminuindo riscos, mas criando novas oportunidades. Cada iniciativa tem o potencial de ser abençoada por Deus e trazer resultados inesperados.”

Dia 05

A estratégia dos milionários: nunca depender de uma única fonte

> *Empregue o seu dinheiro em bons negócios e com o tempo você terá o seu lucro. Aplique-o em vários lugares e em negócios diferentes porque você não sabe que crise poderá acontecer no mundo.*
>
> Eclesiastes 11,1-2

No mundo empresarial, confiar excessivamente em uma única fonte de renda ou em um único negócio é um risco que pode comprometer a estabilidade em tempos de crise. A Bíblia, com sua sabedoria atemporal, nos ensina que devemos diversificar nossos recursos, pois não podemos prever os desafios que o futuro trará.

A metáfora de não colocar todos os ovos na mesma cesta nos convida a refletir sobre a importância de distribuir investimentos e energias em diferentes áreas. Um exemplo já citado foi a crise acarretada pela pandemia de 2020. Quem tinha apenas uma academia, por exemplo, teve o faturamento drasticamente prejudicado. Já as pessoas que trabalhavam com alimentos e produtos essenciais na modalidade delivery se reergueram com mais facilidade.

A questão é que, como alerta a Bíblia, você não sabe qual crise poderá acontecer no mundo. Alguns produtos e serviços são dispensáveis e supérfluos. Já outros são essenciais e atendem às necessidades básicas da humanidade. O ideal é que você diversifique e invista em empresas que atendam a diferentes demandas.

"Karina, não sei se eu saberia categorizar e definir áreas de atuação que me dessem maior segurança para investir e não deixar todos os ovos na mesma cesta. Como eu poderia diversificar meus negócios?"

Você já ouviu falar da Pirâmide de Maslow?[4] Ela representa as necessidades humanas, das mais básicas às mais complexas, e é usada para várias finalidades dentro de uma organização. Inclusive, ela pode ajudar a identificar em qual categoria sua empresa se encontra hoje e dar ideias de negócios nos quais você pode investir. As necessidades na Pirâmide de Maslow são detalhadas da base até o topo, como a seguir:

- **Fisiológicas (base): na base da pirâmide estão as necessidades fisiológicas dos seres humanos, ou seja, aquelas relativas à sobrevivência, às necessidades do organismo, como respirar, se alimentar, ter abrigo, vestimenta etc.**
- **Segurança (segunda camada): aqui está a necessidade de autopreservação, saúde, segurança da família e segurança física em casos de violência. A necessidade de segurança também remete à estabilidade financeira e profissional: ter um emprego, uma boa renda, filhos matriculados em escolas particulares, ter alarmes e sistema de segurança em casa, ter um convênio médico etc.**
- **Sociais (terceira camada): essa camada diz respeito aos vínculos sociais, amizades, família, amor e demais relações que geram a sensação de pertencimento.**
- **Estima (quarta camada): representa a busca por reconhecimento e status, as formas que as pessoas encontram para se sentirem competentes e respeitadas. Podemos citar como exemplos os cargos de liderança, os diplomas universitários, títulos e bens materiais que ostentam autoridade.**
- **Autorrealização (topo): no topo da pirâmide está a conquista da felicidade e plenitude. Busca por superação de desafios e desenvolvimento pessoal. Aspectos como a conquista da liberdade, da sabedoria, da independência e do autocontrole**

[4] Abaham Harold Maslow, "A Theory of Human Motivation". *Psychological Review*, Washington, DC, v. 50, n. 4, pp. 370-96, 1943.

emocional estão presentes nessa camada. Também podemos citar a busca por desenvolver autonomia decisória, ter flexibilidade, trabalhar com aquilo que deseja etc.

Com essa divisão, você já consegue identificar a qual dessas camadas a sua empresa pertence e, consequentemente, escolher outra camada para situar um próximo negócio, atendendo às demandas de outros níveis.

Porém, como já disse anteriormente, não caia na armadilha que eu caí no passado, de querer estar em muitos nichos e áreas de atuação ao mesmo tempo sem planejamento e sem a dedicação necessária. Calcule bem a distribuição dos seus recursos com a orientação de um profissional, se assim julgar necessário, mas não saia abrindo novos negócios sem um sólido planejamento.

Ao diversificar, estamos não apenas diminuindo riscos, mas criando novas oportunidades. Cada iniciativa tem o potencial de ser abençoada por Deus e trazer resultados inesperados. Isso não significa agir sem planejamento, mas buscar conhecimento, discernimento e, acima de tudo, confiar que Deus dirige nossos passos, mesmo em tempos de incerteza.

Diversificação não é apenas uma questão de proteger os bens materiais, mas também de ser um bom mordomo dos recursos que Deus confiou a nós. Negócios, investimentos e tempo são dádivas que precisam ser administradas com sabedoria. Um mercado que hoje parece estável pode sofrer mudanças drásticas amanhã, e a crise pode atingir até mesmo os empreendimentos mais consolidados. Por isso, esteja atento a essa orientação bíblica e sua empresa com certeza estará a caminho da segurança e do sucesso.

Hora de virar a chave

- **Invista em múltiplos setores e negócios: explore diferentes áreas para reduzir os riscos e ampliar suas oportunidades de lucro.**

- **Crie fontes de renda complementares: desenvolva produtos, serviços ou parcerias que não dependam de um único mercado.**
- **Construa uma reserva de emergência sólida: tenha um fundo seguro que cubra imprevistos e permita investir com mais confiança.**
- **Reavalie regularmente suas decisões: monitore os resultados dos seus investimentos e ajuste a estratégia conforme necessário.**

"[...] ao colocar Deus em primeiro lugar em nossa vida financeira, somos abençoados com plenitude e abundância."

Dia 06

O segredo das empresas que prosperam de forma sólida: como honrar a Deus

Honre ao Senhor com seus bens e com as primícias de toda a sua renda; e os seus celeiros ficarão plenamente cheios.
Provérbios 3,9-10

A prosperidade verdadeira começa com a compreensão de que tudo o que possuímos vem de Deus. O versículo de hoje nos convida a honrar o Senhor não apenas com palavras, mas com nossas posses e com o que ganhamos por meio do trabalho. Ele nos ensina que, ao colocar Deus em primeiro lugar em nossa vida financeira, somos abençoados com plenitude e abundância.

Na minha empresa, estabelecemos um dia da semana para a leitura de um versículo e uma oração. Os colaboradores são convidados, porém a participação não é obrigatória.

No começo dessa iniciativa, eu tive receio de que me julgassem, mas depois os próprios colaboradores perguntavam sobre a reunião, compartilhavam desafios durante esses encontros e éramos mutuamente edificados. Com essa atitude, eu sentia que estava verdadeiramente honrando a Deus e reconhecendo o senhorio dele sobre o meu negócio.

Sempre costumo dizer que Deus me emprestou essas empresas e confiou a mim essa responsabilidade, mas que elas são Dele. Por isso defini que o título deste livro seria *Sociedade com Deus*. É assim que me sinto. Sócia e totalmente dependente do meu maior mentor: Jesus.

Honrar ao Senhor é reconhecê-Lo como a fonte de tudo o que temos. Como empreendedores, essa prática se aplica a diversas áreas da nossa vida e dos negócios. Oferecer a Deus as "primícias" significa dedicar o melhor de nossos recursos, tempo e energia ao Seu propósito.

Honrar a Deus também implica administrar nossas finanças com sabedoria, generosidade e responsabilidade, ajudando outros e investindo no bem comum.

Em Lucas, Jesus nos lembrou: "Deem, e lhes será dado: uma boa medida, calcada, sacudida e transbordante será dada a vocês. Pois a medida que usarem também será usada para medir vocês" (Lucas 6,38). A generosidade abre as portas para bênçãos maiores, não apenas materiais, mas espirituais e relacionais.

Certa vez eu estava tão cansada, esgotada e estressada com as atividades do dia que só queria chegar em casa e dormir. Coincidentemente, nesse mesmo dia eu estava sendo solicitada a pagar despesas de outras pessoas, despesas que até aquele momento não eram da minha responsabilidade. Eu pagaria apenas se quisesse.

Então, comecei a murmurar em pensamento: "Poxa, eu tenho que pagar isso? Por que sou sempre eu a escolhida? Tem tantas outras pessoas que poderiam pagar, mas sempre me procuram para isso!". E, de fato, outras pessoas poderiam assumir. Não era responsabilidade minha. Mas no mesmo momento o Espírito Santo me incomodou com a seguinte frase: "Karina, você está sendo solicitada a pagar porque eu te dei condições para isso. Eu te fiz próspera. Eu te dei todos os recursos e isso tem transbordado na tua vida. Você poderia muito bem ser a pessoa que está pedindo, mas nessa Terra eu te dei dons, talentos e capacidade para **gerar** recursos. Você não está do lado de quem pede, mas de quem doa, porque eu te supri em todas as coisas, e as pessoas podem ver Jesus através da sua vida. Seja grata a Deus por isso".

Caro leitor empreendedor, eu não sou perfeita. Quantas vezes me surpreendi com pensamentos de ingratidão? De soberba? Mas o Espírito Santo sempre nos traz de volta ao nosso propósito quando estamos sensíveis à voz Dele.

Não estou dizendo que devemos pagar tudo para os outros. Não concordo com isso. Acredito que, em vez de dinheiro, devemos dar as ferramentas para as pessoas crescerem e prosperarem.

Porém, em algumas situações, você saberá quando, Deus te incomoda para ser generoso e abençoar outras vidas. Não hesite. Ouça o chamado! Seja o que for que Ele pedir, não negue os recursos que tem, até porque, se Ele é seu sócio, Ele vai sim te induzir a investir no Reino.

A Bíblia diz que reter aquilo que deveria ser entregue ao Senhor ou usá-lo de forma egoísta limita a plenitude de Suas bênçãos. Provérbios nos adverte: "Há quem dê generosamente e vê aumentar suas riquezas; outros retêm o que deveriam dar e caem na pobreza" (Provérbios 11,24). E complementa: "Quem dá aos pobres não passará necessidade, mas quem fecha os olhos para a pobreza será amaldiçoado" (Provérbios 28,27). Você não quer que sua empresa seja amaldiçoada por usar seus bens apenas para finalidades egoístas, quer?

Essa mesma reflexão eu aplico ao dízimo. Esse assunto é polêmico, e quero que você use a "peneira" para ler o que vou escrever. Talvez te sirva, talvez não, e está tudo bem.

Fiquei um tempo sem devolver o dízimo à igreja, até que certa vez ouvi uma pregação do André Fernandes em que ele dizia que alguns empresários pagavam pelas cadeiras da igreja pois se importavam em suprir os custos daqueles que não poderiam pagar. A partir desse dia, comecei a refletir sobre isso.

Eu gosto de ir ao culto, de ouvir a Palavra. Chegando lá, tenho um espaço grande para me acomodar; uma cadeira confortável para me sentar; água; energia; equipamentos de som de qualidade; suco de uva e pão para a ceia; atividades e recursos para as crianças — embora eu não seja mãe, também penso nelas — na escolinha bíblica, entre outras regalias. Tudo isso tem um custo e alguém tem que pagar. Se todas as pessoas se negassem a devolver o dízimo, não teríamos igrejas!

E nós, cristãos, sabemos que muitas famílias são assistidas por igrejas (independentemente de religião), recebendo cestas básicas e remédios, por exemplo. Também sabemos que através das igrejas muitas pessoas que estavam nas drogas, sem esperança, foram restauradas, casamentos foram reatados, doentes receberam acolhimento. A igreja tem um papel importante não só no Reino e na proclamação do Evangelho, mas na sociedade como um todo. Você consegue ver nisso alguma responsabilidade? Como empresária, vejo que tenho, sim, responsabilidade nisso. Mas como disse no início, use a "peneira" e tire suas próprias conclusões. Eu apenas senti no coração que devia compartilhar essa minha reflexão, esse ponto de vista.

Você tem honrado a Deus com as primícias do que Ele tem confiado a você? Peça ao Senhor que te ajude a administrar seus recursos com sabedoria, colocando-O sempre em primeiro lugar.

Que sua vida e seus negócios sejam um testemunho vivo do poder de honrar a Deus, resultando em abundância que não apenas enche seus celeiros, mas também abençoa a vida de muitos ao seu redor.

Hora de virar a chave

No dia a dia, o ato de honrar a Deus com seus bens pode se manifestar em diversas atitudes. Leia as sugestões abaixo e reflita quanto essas afirmações condizem com a sua realidade e a de sua empresa. Assinale as que já fazem parte do seu cotidiano.

- **Separar a primeira parte da sua renda para os propósitos de Deus ou ações sociais.**
- **Usar sua empresa como um meio de abençoar a comunidade.**
- **Ser generoso com seus colaboradores, clientes e fornecedores.**
- **Investir tempo e recursos para ajudar quem está em necessidade.**

*“Que sua paciência
e seu autocontrole sejam
uma demonstração do
caráter de Cristo em sua
vida e sua liderança.”*

Dia 07

Como a paciência e o autocontrole blindam sua liderança

Melhor é o homem paciente do que o guerreiro; mais vale controlar o seu espírito do que conquistar uma cidade.
Provérbios 16,32

Em um mundo que valoriza conquistas rápidas, demonstrações de poder, influência e força, esse versículo nos convida a refletir sobre o verdadeiro poder. Ele nos ensina que o autocontrole e a paciência são virtudes mais valiosas do que a força bruta ou a habilidade para conquistar grandes feitos.

Controlar o próprio espírito é um ato de sabedoria e maturidade. É ter domínio sobre nossas emoções, reações e desejos, especialmente em momentos de pressão ou conflito. Por isso, se você é empresário, esse versículo tem fundamental relevância, e Provérbios reforça essa verdade: "Como a cidade com seus muros derrubados, assim é quem não sabe dominar-se" (Provérbios 25,28). Sem autocontrole, mesmo os maiores sucessos podem ser arruinados.

A paciência, por sua vez, nos ajuda a agir com prudência e evitar decisões impulsivas que podem trazer prejuízo. Provérbios declara: "O homem paciente dá prova de grande entendimento, mas o precipitado revela insensatez" (Provérbios 14,29). No contexto dos negócios, isso pode significar esperar o momento certo para investir, ouvir antes de reagir ou resolver conflitos com calma e sabedoria.

Sabemos que a gestão de pessoas é um desafio. Lidar com mentes diferentes, opiniões divergentes e várias personalidades exige muita paciência, sabedoria e autocontrole.

Reflita hoje: em que áreas da sua vida ou liderança você precisa exercer mais a paciência? Quais situações têm testado seu autocontrole? Peça ao Senhor força para dominar o próprio espírito e sabedoria para lidar com desafios com calma e determinação.

Se o problema que te exige mais paciência for sobre uma pessoa específica, algum colaborador, sócio, um amigo, um filho ou seu próprio cônjuge, ore por essa pessoa. Deus com certeza vai te dar discernimento para decidir e você terá menos chances de agir pela emoção.

O que o inimigo mais quer é nos ver em situação de desequilíbrio psicológico e emocional. Quantos empresários já foram dominados pela depressão? Quantas pessoas desistiram de uma empresa simplesmente por não terem controle suficiente para lidar com uma equipe? Quantas vezes nos deixamos levar pelo impulso e falamos o que não deveríamos, com ódio e rancor, e depois nos arrependemos?

A Bíblia já nos adverte: "Sejam todos prontos para ouvir, tardios para falar e tardios para irar-se" (Tiago 1,19). Lembre-se: conquistar uma cidade pode trazer glória temporária, mas conquistar a si mesmo traz a vitória eterna. Que sua paciência e seu autocontrole sejam uma demonstração do caráter de Cristo em sua vida e sua liderança.

Hora de virar a chave

Quais das ações abaixo ainda não fazem parte da sua jornada como empreendedor cristão? Quais você pode incorporar em seus hábitos?

- **Respirar fundo e refletir antes de responder a uma crítica.**
- **Reconhecer seus próprios limites e buscar equilíbrio entre trabalho e descanso.**
- **Evitar agir por impulso, mesmo quando pressionado por prazos ou circunstâncias.**
- **Cultivar a humildade para aceitar que nem tudo está sob seu controle.**

“A pior coisa que pode acontecer é você colocar na sua agenda coisas que não estão na agenda de Deus.”

Dia 08

Empresas de alto impacto: como entregar seus projetos a Deus e crescer

Consagre ao Senhor tudo o que você faz,
e os seus planos serão bem-sucedidos.
Provérbios 16,3

Como líderes e empreendedores, buscamos constantemente o sucesso em nossos projetos e decisões, e esse é o objetivo com a leitura deste livro. Mas não podemos esquecer que a verdadeira prosperidade começa quando entregamos nossos planos nas mãos de Deus. Não se trata apenas de pedir bênçãos, mas de alinhar nossos propósitos aos Dele, porque nem sempre os nossos sonhos estão alinhados com os sonhos de Deus, e você não quer perder tempo com projetos que o Senhor não abençoaria, não é mesmo?

Consagrar nossos projetos ao Senhor significa reconhecer que Ele é a fonte de toda sabedoria, força e provisão. É admitir que nossos planos e esforços só serão bem-sucedidos se estiverem de acordo com a vontade divina.

Antes de contratar alguém ou fazer uma parceria para a empresa, você ora pedindo direção? Você consagra esse plano ao Senhor? Lembro-me que há seis anos fiz uma entrevista e fiquei encantada com a dicção e comunicação daquele candidato. Sem pensar muito — e sem orar —, disse que ele poderia começar na semana seguinte. Parecia tão óbvio que ele seria o melhor representante comercial! Tinha todos os requisitos que eu procurava.

Porém, com o tempo, comecei a desconfiar que ele estava usando o carro da empresa apenas para fins pessoais e mentindo sobre fazer visitas a empresas e clientes. Colocamos um rastreador no carro e... bingo. De fato, ele não trabalhava, apenas usufruía do salário, do carro e do combustível da empresa para fazer sua campanha eleitoral e se promover politicamente.

Fiquei muito chateada, e embora quisesse muito tomar uma atitude imediata, sabia que precisava de mais provas e que devia agir com cautela e paciência, como no texto do dia 7. Naqueles dias, recebi na empresa um irmão que orou e revelou que uma pessoa ali estava me enganando, sem que eu tivesse comentado sobre esse colaborador. Perguntei, após a oração, de que forma eu poderia conduzir a situação e demiti-lo. Então, esse irmão disse: "Karina, não se preocupe. Amanhã mesmo ao chegar aqui ele se sentirá extremamente incomodado. Os anjos do Senhor estarão acampados aqui na sua recepção, e ele não conseguirá ficar nesse ambiente. Ele vai pedir demissão".

Pois bem. Exatamente da forma como esse irmão previu, aconteceu. No dia seguinte, esse funcionário chegou na recepção da empresa e disse: "Karina, você está sentindo algo estranho aqui? Estou com uma sensação ruim, mas não sei dizer o que é". Respondi que não estava me sentindo incomodada, que estava tudo bem, mas já me arrepiei por inteiro. Sabia que era Deus agindo. Ele saiu da empresa e nem voltou para receber o acerto. Apenas ligou falando que não ia mais trabalhar. Veja como Deus nos dá o livramento! Todavia, eu teria economizado tempo e dinheiro se tivesse orado antes de contratar. Ainda assim, Deus foi misericordioso comigo e trouxe a solução, como um pai amoroso que cuida de sua filha.

E não pense que a oração me deu apenas livramento. A oração também me deu discernimento, pois **a pior coisa que pode acontecer é você colocar na sua agenda coisas que não estão na agenda de Deus**.

"Mas, Karina, como vou saber se os meus projetos estão alinhados com a vontade Dele? Como saber se estou agindo conforme a vontade de Deus?" E a resposta é: quanto mais relacionamento, maior o discernimento. Se você está casado há muitos anos, tenho certeza de que conhece bem o seu marido ou esposa apenas pelo olhar, não é mesmo? Não é preciso sequer uma palavra. Você sabe quando ele ou ela está gostando ou não da comida, do ambiente, da música... por quê? Porque existe muito tempo de relacionamento, muita vivência, intimidade. Por isso você conhece bem seu cônjuge e sabe das vontades dele sem precisar perguntar. Com Deus é igual. Quanto mais você lê a Palavra, quanto mais você ora, quanto mais você adora e glorifica, mais o Espírito Santo começará a sussurrar nos seus ouvidos o que vem de Deus e o que não vem.

Já que estamos falando de contratação, e contei uma experiência de falta de discernimento, vou contar agora uma sobre orar e ver como Deus pode manifestar amor e cuidado através da vida dos nossos funcionários. Lembro-me de quando eu estava mudando a empresa de prédio. Eram dias bem tensos, cansativos, e eu não tinha tempo para nada. Um dia, já bem no final da tarde, avisei meus colaboradores que eu iria ao prédio antigo buscar itens e caixas que ainda estavam lá para trazer para a nova sede. Estava visivelmente cansada. Quando olhei bem, estavam todos usando chinelo ou tênis, sem uniforme. Perguntei: "Aonde vocês vão?". E logo eles responderam: "Ué, você achou que ia fazer mudança sozinha? Estamos aqui para te ajudar". E até hoje é assim. Instalou-se uma cultura na minha empresa em que um colabora com o outro. Sempre que alguém está com prazo apertado ou precisando de auxílio, os demais se mobilizam para ajudar.

Nunca precisei pedir ajuda quando houve necessidade de trabalhar um pouco depois do horário habitual ou em alguma tarefa que não fosse necessariamente relacionada ao trabalho. Eles sempre se voluntariaram. E é isso que desejo para sua empresa! Que Deus te dê discernimento suficiente para contratar caráter e treinar habilidades. Nunca contrate apenas pelo currículo, mas sim pelo caráter. Porque a parte técnica podemos ensinar, já a honestidade, a ambição e a empatia vêm da personalidade, e isso não podemos mudar.

Invista no seu relacionamento com Deus e peça por discernimento. Quando entregamos nossos planos a Deus, ganhamos mais do que sucesso material. Recebemos paz em meio à incerteza, direção em tempos de dúvida e força para perseverar nos desafios.

Além disso, é importante lembrar que consagrar não significa abdicar de nossa responsabilidade. Provérbios nos diz: "Prepara-se o cavalo para o dia da batalha, mas o Senhor é que dá a vitória" (Provérbios 21,31). Nosso papel é **preparar**: planejar, trabalhar e agir com diligência, confiando que Deus suprirá aquilo que não podemos controlar. Porém, o que podemos fazer deve ser feito.

Depois dessas experiências, investi em cursos de análise comportamental, análise de gestos e em estudos sobre personalidade segundo a neurociência. Minha pós-graduação em programação neurolinguística também me ajudou muito nos recrutamentos e seleções para a universidade.

Além da oração, devemos vigiar e ser astutos, pois nem tudo que reluz é ouro. Existe muita gente maldosa por aí. A própria Bíblia já instruiu em Mateus: "Eu os estou enviando como ovelhas no meio de lobos. Portanto, sejam astutos como as serpentes e sem malícia como as pombas" (Mateus 10,16).

Hoje, tire um momento para apresentar a Deus os projetos da sua empresa. Ore por sabedoria, peça discernimento para tomar decisões, para contratar, e confie que Ele está trabalhando em seu favor. Lembre-se: quando você consagra seus planos ao Senhor, Ele dá livramento, mostra o que está oculto, envia sinais e te conduz para um propósito maior do que você pode imaginar.

Hora de virar a chave

O que você pode fazer para praticar essa consagração a Deus?

- **Começar cada projeto com oração, pedindo sabedoria e direção.**
- **Alinhar os objetivos com os princípios da Palavra de Deus.**
- **Pedir a Deus discernimento em relação às pessoas que participarão dos projetos na empresa. São pessoas que estão alinhadas ao propósito de Deus?**

“Você não prospera no lugar que você não abençoa.”

Dia 09

Ação imediata: o gatilho que transforma ideias em lucros

Todo trabalho árduo traz proveito,
mas o só falar leva à pobreza.
Provérbios 14,23

No longo período em que trabalhei na seleção e recrutamento de talentos, entrevistava muitos candidatos experientes, que se gabavam de um extenso currículo e se intitulavam as pessoas mais merecedoras da vaga. Depois, na prática, as atitudes e comportamentos mostravam que aquele discurso tinha sido apenas da boca para fora.

Quantas vezes agimos assim? Falamos dos nossos projetos e sonhos, enfeitamos, fantasiamos. Prometemos melhorar em todas as áreas da nossa vida. Todavia, de nada adianta prometer e não cumprir, falar e não fazer, planejar e não executar, reclamar e não agir.

Veja que até a Bíblia, escrita há mais de 3 mil anos, fala da tal procrastinação — falar e não fazer — no versículo-chave de hoje.

Quantos empresários falam sobre planos, projetos e ambições, mas não têm ações concretas que geram resultados? Em um mercado competitivo, muitos gastam tempo discutindo ideias, analisando possibilidades ou esperando um suposto momento perfeito para agir. Enquanto isso, outros agem com coragem e determinação e colhem os frutos de seu trabalho. Provérbios reforça: "Quem trabalha a sua terra terá fartura de alimento, mas quem vai atrás de fantasias não tem juízo" (Provérbios 12,11). Isso significa que investir esforço real em algo prático é muito mais eficaz do que apenas sonhar ou falar.

O excesso de palavras sem ação também pode levar à perda de credibilidade. Quando líderes e empreendedores prometem muito, mas entregam pouco, correm o risco de prejudicar sua reputação e confiança junto a clientes, parceiros e principalmente diante dos colaboradores.

Por outro lado, trabalho árduo não significa agir impulsivamente ou sem planejamento. Planejar é essencial, mas é um passo que deve ser sucedido por execução.

Há alguma ideia ou plano em sua vida que está esperando pela sua ação? Existe algo que você tem falado, mas ainda não agiu para realizar? Ore ao Senhor pedindo força para sair da inércia e coragem para dar os passos necessários.

Segundo a neurociência, deixamos intencionalmente as tarefas importantes para depois, porque nosso cérebro prefere recompensas imediatas. Quanto mais distante a recompensa ou mais difícil a tarefa, mais o cérebro interpreta aquilo como uma dor e te condiciona ao adiamento.

Meu trabalho como estrategista de marketing é primeiramente diagnosticar a empresa. Faço várias perguntas sobre como está o investimento em marketing, os números, as vendas, as redes sociais, o site, o *branding* e o posicionamento no digital. Depois pergunto sobre a motivação e o *mindset* dos colaboradores, pois o treinamento também reflete nesses indicadores.

Agora me responda: como uma empresa vai prosperar se os membros da equipe não têm objetivo de vida? Se não têm um alvo pessoal, se não sabem aonde querem chegar. Vão trabalhar dia após dia sem um sonho, sem uma meta, só para pagar os boletos do mês.

No início dos treinamentos, eu sempre peço que toda a equipe escreva sobre os objetivos financeiros para os próximos cinco anos. Pode ser casa, carro, comissões ousadas, qualquer coisa, desde que bem específica. Não há nada pior do que o colaborador que abandona a operação e não quer mais trabalhar depois de bater a meta. Que sonha pequeno e se contenta com pouco. Que não tem ambição e não quer crescer. Que só faz o mínimo.

Há também o trabalhador que recebe o fixo e trabalha só pelo dinheiro. Comemora a sexta-feira e amaldiçoa a empresa todo domingo. O horário dele é até 18h. Às 17h55 ele está em posição de atleta para sair da empresa correndo. Se a empresa pegar fogo 18h01 ele já não morre queimado!

Nos meus treinamentos, sempre reforço a frase: "**Você não prospera no lugar que você não abençoa**". Parece cada vez mais raro encontrar pessoas que estejam verdadeiramente dispostas a agir, a trabalhar com diligência e investir em conhecimento.

Quando era mais jovem, lembro-me de fazer de tudo para me destacar na empresa em que trabalhava e cumprir com excelência as tarefas que me eram designadas. Talvez por esse motivo sempre era promovida, enquanto algumas pessoas estavam lá havia anos e não conseguiam uma promoção. Alguém talvez diria que isso é ser "puxa-saco do chefe". Eu diria que é agir com **proatividade**. Identificar uma necessidade da empresa e solucionar o problema antes mesmo que alguém ordenasse. E talvez seja por isso, também, que eu e você nos tornamos empreendedores. Pessoas com esse perfil geralmente ocupam cargos de liderança e em pouco tempo assumem suas próprias empresas.

Lembre-se: há três tipos de colaboradores. O que você pede, e ele não faz. O que você pede, e ele faz. E aquele que faz sempre além do que lhe foi exigido. Esse sim é digno de reconhecimento. Ore e peça a Deus discernimento para perceber caso você tenha alguém assim na empresa. Não caia na armadilha de não reconhecer essa pessoa. Faça de tudo para que ela se sinta bem e feliz no trabalho e recompense com o que for importante para ela. Se for dinheiro, assim o faça.

Inclusive, esse é um bom indicador para você decidir se deve aumentar o salário de alguém ou não. Se você designou uma função a um colaborador e ele não a cumpriu, é o momento de **demitir**. Sabemos também que sempre tem aquele funcionário que acha que merece aumento porque "faz tudo certinho". Não chega atrasado, atinge a meta, trata bem os clientes. Mas isso é simplesmente o dever dele. Ele está sendo pago para fazer exatamente isso. Sendo assim, ele pode **permanecer**. Porém, se ele é um colaborador proativo, que faz além do que foi pedido, esse sim merece destaque, reconhecimento e um **aumento salarial**.

Releia o versículo-chave de hoje. Trabalhar e agir nos faz prosperar e crescer. Tanto você quanto os seus colaboradores caminharão rumo à prosperidade quando tiverem um objetivo específico a alcançar, metas bem elaboradas, proatividade e estratégias para vencer a procrastinação. Porém, quando ficamos só nas palavras, atraímos a escassez e a pobreza para nossa vida, e se queremos colaboradores proativos, temos que ser o principal exemplo, a referência de ação.

Decida a partir de hoje ter uma rotina de sucesso. Acorde mais cedo, leia mais, treine, escolha uma alimentação saudável, beba mais água, dedique esforço às tarefas que te levarão ao próximo nível. Comece a agir! Declare que este será o ano mais próspero e abençoado da sua vida. Amém?

Hora de virar a chave

Anote as formas como você pretende colocar em prática esses ensinamentos:

- **Estabelecer metas claras e trabalhar com disciplina para alcançá-las.**
- **Evitar procrastinação ou excesso de análise que paralisa a execução.**
- **Sair do "balcão" da sua empresa, ou seja, do operacional, e focar a execução das estratégias e a análise do mercado.**
- **Cumprir o que prometeu e terminar o que começou, fortalecendo sua credibilidade.**

“Confiar no Senhor de todo o coração significa buscar Sua direção em oração antes de tomar decisões e depender de Sua sabedoria para guiar nossos passos.”

Dia 10

Invista em conhecimento e crie vantagem competitiva

O coração do sábio adquire conhecimento,
e o ouvido dos sábios procura o saber.
Provérbios 18,15

Você já conheceu alguém que, ao receber um conselho, refutou com a seguinte afirmação: "Eu já faço isso há vinte anos, não preciso mais aprender"? Todavia, em Provérbios encontramos a seguinte mensagem: "Confie no Senhor de todo o seu coração e não se apoie em seu próprio entendimento" (Provérbios 3,5). Esse versículo nos lembra que nossa confiança deve estar em Deus, não em nossa própria sabedoria ou em conhecimentos adquiridos. A verdadeira sabedoria começa com a humildade de reconhecer que sempre há algo novo a aprender.

Muitos empresários, confiantes em anos de experiência, acabam negligenciando a necessidade de buscar novas estratégias, investir em cursos ou se adaptar às mudanças do mercado. São tão pretensiosos que também acreditam que podem ter um futuro brilhante sem buscar a Deus. Essa postura pode levar à estagnação nos negócios e ao afastamento espiritual. Provérbios nos ensina: "O temor do Senhor é o princípio do conhecimento, mas os insensatos desprezam a sabedoria e a disciplina" (Provérbios 1,7). Negar a necessidade de aprendizado contínuo é um sinal de insensatez.

Confiar no Senhor de todo o coração significa buscar Sua direção em oração antes de tomar decisões e depender de Sua sabedoria para guiar nossos passos. A Bíblia nos encoraja: "Se algum de vocês tem falta de sabedoria, peça-a a Deus, que a todos dá livremente, de boa vontade; e lhe será concedida" (Tiago 1,5).

Deus está disposto a nos conceder discernimento, mas isso exige humildade para orar e admitir nossas limitações.

A busca por conhecimento, tanto espiritual quanto prático, é essencial para qualquer líder. Participar de cursos, aprender com outros empresários e ouvir os membros de sua equipe demonstra sabedoria e maturidade. A Palavra de Deus é incisiva em relação a esse tema, e é um dos que mais procurei salientar aqui. Provérbios afirma: "Instrua o sábio, e ele será ainda mais sábio; ensine o justo, e ele aumentará o seu conhecimento" (Provérbios 9,9). A humildade de aprender enriquece tanto a vida quanto os negócios.

Reflita hoje: você tem confiado apenas em sua experiência ou tem buscado a direção de Deus? Há áreas em que sua autoconfiança tem impedido seu crescimento? Ore pedindo a Deus humildade e sabedoria para abrir sua mente e seu coração para o novo. Ele guiará seus passos e abrirá portas que você nem sabia que existiam. A humildade e o aprendizado constante são o caminho para a prosperidade e o sucesso.

Hora de virar a chave

Anote as formas como você pretende colocar em prática esses ensinamentos:

- **Orar diariamente, pedindo direção e sabedoria a Deus.**
- **Reconhecer que sempre há algo novo a aprender, independentemente do tempo de experiência.**
- **Investir tempo e recursos em cursos, livros e mentorias para se manter atualizado.**
- **Ouvir conselhos e feedback de outras pessoas, inclusive dos colaboradores, que, na maioria das vezes, estão na linha de frente do seu negócio e lidam diretamente com o cliente.**

"Um líder sábio entende quando é hora de falar e quando é melhor ouvir. A escuta ativa é parte essencial de uma comunicação eficaz, como destaca Provérbios: 'Responder antes de ouvir é tolice e vergonha' (Provérbios 18,13)."

Dia 11

Comunicação persuasiva: influencie, lidere e venda mais

A língua tem poder sobre a vida e sobre a morte; os que a usam habilmente serão recompensados.
Provérbios 18,21

Na liderança e no empreendedorismo, a comunicação é uma das ferramentas mais poderosas. A forma como escolhemos nossas palavras pode construir pontes, inspirar equipes, conquistar clientes e abrir portas para novas oportunidades. Veja como o versículo bíblico de hoje é claro ao dizer que quem se comunica de maneira habilidosa será recompensado. Por outro lado, a comunicação descuidada pode gerar conflitos, perda de confiança e outros prejuízos incalculáveis.

A Bíblia nos ensina a importância de usar a linguagem com sabedoria, e este texto comprova que o livro sagrado é um manual de comunicação. São muitos os conselhos de Salomão sobre isso!

Ao nos comunicarmos, é fundamental considerar o momento e o contexto. Como diz Provérbios: "Como maçãs de ouro em bandejas de prata, assim é a palavra dita no momento certo" (Provérbios 25,11). Um líder sábio entende quando é hora de falar e quando é melhor ouvir. A escuta ativa é parte essencial de uma comunicação eficaz, como destaca Provérbios: "Responder antes de ouvir é tolice e vergonha" (Provérbios 18,13).

A comunicação também exige sensibilidade, especialmente em momentos de conflito. "A resposta branda desvia o furor, mas a palavra dura suscita a ira" (Provérbios 15,1). Um tom calmo e respeitoso pode transformar situações difíceis e fortalecer relacionamentos, tanto no ambiente de trabalho como em nossa vida pessoal.

São tantos os exemplos e orientações na Bíblia sobre comunicação que faz sentido nos estendermos mais sobre esse tema. Até porque depois que comecei a levar isso a sério, minhas empresas cresceram exponencialmente e passei a ter sucesso, reconhecimento e a vender mais através das redes sociais. Por isso faço questão de compartilhar com você algumas coisas que li sobre o assunto.

Se você me segue no Instagram provavelmente já me ouviu falar muito sobre comunicação. Gosto do livro *Poder sem limites*, de Tony Robbins,[5] que fala sobre os três pilares do sucesso. Apliquei — e aplico — esse conceito na minha vida e na minha empresa todos os dias.

O primeiro pilar é o **conhecimento**. Estamos na era do conhecimento. Nos tempos primitivos, era considerado o homem mais forte aquele que detinha maior força física, mais agilidade e era o melhor caçador. Conforme a civilização foi se desenvolvendo, os homens que tinham heranças foram considerados os mais bem-sucedidos. Já no começo da era industrial, esse papel foi assumido por aqueles que tinham mais terras e capital. E hoje? As pessoas que você mais admira e segue no Instagram, que arte elas dominam? O que faz com que elas sejam vistas como pessoas influentes, poderosas? Com certeza é o conhecimento, atrelado a uma boa comunicação e ação.

O segundo pilar é a **comunicação**. Você já esteve com pessoas que possuem títulos de mestres, doutores, inúmeros diplomas, mas que não conseguem compartilhar o que sabem? Pessoas notavelmente inteligentes, mas que não sabem se comunicar? De que adianta ser bom nos estudos e não conseguir transmitir o saber? Eis o que faz da comunicação um pilar relevante. Pessoas que não se comunicam bem não são interessantes, não vendem e não prosperam. Não consigo imaginar um líder de sucesso, de notoriedade e boa reputação que não seja também um excelente orador.

O terceiro pilar é a **ação**. E, sim, há pessoas que detêm muito conhecimento, ostentam uma excelente oratória, sabem

---

[5] Tony Robbins, *Poder sem limites*. Rio de Janeiro: Best Seller, 2017.

se comunicar como ninguém, mas não são capazes de agir. Elas ficam em um estado letárgico. Falam que vão começar a ensinar na internet, que vão escrever um livro, que vão começar a palestrar, que vão abrir um negócio, mas só falam. Não agem. Nada progride, nada acontece, nada prospera, e a vida não sai do lugar. Estão sempre esperando a sexta-feira e reclamando da segunda. **Não use seus finais de semana para fugir da vida que você tem. Use-os para se preparar e, assim, criar a vida que você gostaria de ter**.

Por fim, ter conhecimento, saber comunicar e agir são pilares que funcionam quando observados simultaneamente e sistematicamente.

Com todo respeito ao admirável Tony, e usando um termo do direito: data venia, eu ainda acrescentaria o quarto pilar. Para mim, sem ele, os outros três nunca te levarão ao verdadeiro sucesso. O quarto pilar é a **oração**, a intimidade com Deus. Como eu seria infeliz se soubesse sobre tudo, tivesse uma dicção impecável, fosse a rainha da execução de projetos, mas não tivesse Deus comigo! Como eu seria feliz se Deus não abençoasse os meus negócios? Por isso prefiro confiar nesses quatro pilares, porque não tem erro.

E se você me perguntasse em quais habilidades você deveria investir mais, com certeza eu responderia: invista em livros, aprimore sua comunicação, comece a agir com as ferramentas que você já tem e dedique tempo à oração.

E como você pode aprimorar sua comunicação? Talvez você já esteja aí se cobrando por não gravar vídeos com a frequência que deveria, por não encarar o público e por não saber usar um microfone. Você tem pavor das câmeras? Tem dificuldade em se comunicar?

Nas minhas mentorias, essas queixas são muito comuns. Normalmente, quando crianças, nossos pais exigiam que fôssemos perfeitos. Se você errasse, era imediatamente repreendido. Por isso, estudos mostram que o maior medo da humanidade não é falar em público, mas sim falhar em público. A maioria das pessoas está sofrendo com dificuldades na comunicação por medo do julgamento alheio, pensando: "Eu não posso errar". "Olha esse vídeo, ficou ridículo, não vou postar isso. O que as pessoas vão pensar?"

Talvez você precise apenas praticar a comunicação para desenvolvê-la. Porém, se seu bloqueio for psicológico, talvez você precise do auxílio de um profissional. Mas uma coisa é certa: você está lendo este livro porque quer que sua empresa cresça e que Deus abençoe seus negócios. E, para isso, preciso te informar: a comunicação é um fator decisivo para o seu sucesso.

Moisés precisava liderar uma grande multidão e se queixou para Deus dizendo que não sabia se comunicar, que não falava bem, e até sugeriu que Deus enviasse outra pessoa no lugar dele. Deus disse que o capacitaria para isso, que o enviaria junto com Arão, que se comunicava melhor, e como prometido, Deus o capacitou. Moisés foi um grande líder e um excelente orador! Porém, para que Deus pudesse capacitá-lo, Moisés teve que dar o primeiro passo e agir, encarar aquela multidão. Confira o trecho das escrituras sagradas:

> Moisés, porém, disse ao Senhor:
> — Ó Senhor, não tenho facilidade para falar, nem antes, nem agora que falaste com teu servo! Não consigo me expressar e me atrapalho com as palavras.
> O Senhor perguntou a Moisés:
> — Quem forma a boca do ser humano? Quem torna o homem mudo ou surdo? Quem o torna cego ou o faz ver? Por acaso não sou eu, o Senhor? Agora vá! Eu estarei com você quando falar e o instruirei a respeito do que deve dizer.
> — Por favor, Senhor! — suplicou Moisés. — Envia qualquer outra pessoa!
> Então o Senhor se irou com Moisés e lhe disse:
> — E quanto a seu irmão Arão, o levita? Sei que ele fala bem. Veja, ele está vindo ao seu encontro e se alegrará em vê-lo. (Êxodo 4,10-14)

Hora de virar a chave

- **Ore e pergunte a Deus qual decisão você precisa tomar hoje se estiver com problemas em sua comunicação. Talvez você tenha que fazer um curso de oratória... talvez tenha que procurar um psicólogo para te ajudar a superar algum trauma. Talvez, ainda, você precise simplesmente praticar. Ou talvez você precise andar com alguém que é muito bom em comunicação e modelar essa pessoa, aprender com ela como Moisés se encorajou por andar também com Arão. Qual será sua decisão hoje?**

“Em vez de recorrer apressadamente a empréstimos, ore e busque a direção de Deus para encontrar soluções criativas e sustentáveis.”

Dia 12

Como dominar as dívidas antes que elas dominem você

O rico domina sobre os pobres, e o que toma emprestado
é servo do que empresta.
Provérbios 22,7

Como líderes e empresários, nossa relação com as finanças pode determinar o sucesso ou o fracasso de nossos projetos. Muitos empresários acabam recorrendo a empréstimos ou agem de forma precipitada ao emprestar dinheiro a funcionários e conhecidos. Quando isso é feito sem planejamento e sem reflexão, os resultados podem ser desastrosos. A Bíblia nos ensina que devemos buscar a liberdade financeira e evitar nos tornarmos servos de nossos compromissos financeiros.

O perigo das dívidas excessivas

O ato de tomar emprestado, seja de bancos ou outras instituições, deve ser avaliado com prudência. É necessário considerar os custos reais, como juros e prazos. Empréstimos, quando contratados sem cautela e planejamento, podem levar a uma espiral de dívidas que sufoca o crescimento do negócio e prejudica o equilíbrio financeiro. Provérbios nos ensina: "Os planos bem elaborados levam à fartura; mas o apressado sempre acaba na miséria" (Provérbios 21,5).

Fiador: uma decisão perigosa

"Quem serve de fiador certamente sofrerá, mas quem se nega a fazê-lo está seguro" (Provérbios 11,15). Ao assumir a responsabilidade por dívidas de terceiros, o empresário coloca em risco não apenas seus recursos, mas também a estabilidade do negócio. Embora a intenção possa ser boa, a falta de discernimento ao ser fiador pode trazer sérias consequências. Veja que até nessas circunstâncias a Bíblia nos instrui claramente!

Generosidade com sabedoria

Ajudar funcionários ou conhecidos é um gesto nobre, mas é preciso agir com sabedoria. Emprestar dinheiro sem avaliar o impacto sobre o fluxo de caixa pode prejudicar a empresa e a relação com quem pediu ajuda. Quantos relatos você já ouviu de relações prejudicadas entre o empregado e o empregador por esse motivo? Generosidade deve vir acompanhada de limites claros e planejamento financeiro.

Busque a dependência de Deus

Em vez de recorrer apressadamente a empréstimos, ore e busque a direção de Deus para encontrar soluções criativas e sustentáveis. Ele promete suprir todas as nossas necessidades quando confiamos plenamente Nele.

Hora de virar a chave

Você tem feito escolhas financeiras com prudência ou tem se precipitado em busca de soluções rápidas? Ore pedindo a Deus sabedoria para reorganizar suas finanças e para agir com responsabilidade. Que suas decisões financeiras sejam baseadas em planejamento, oração e confiança na provisão divina. Lembre-se: a verdadeira liberdade no mundo dos negócios começa com a sabedoria de evitar a servidão às dívidas.

- **Sempre busque orientação antes de assinar contratos financeiros.**
- **Não tome decisões importantes em momentos de pressão ou emoção.**

- **Mantenha uma reserva financeira para emergências, evitando recorrer a empréstimos.**
- **Invista tempo em aprender sobre gestão financeira e planejamento estratégico.**
- **Esteja disposto a dizer "não" quando algo não estiver alinhado com a sua realidade financeira.**
- **Ore, confie em Deus e peça discernimento sobre pessoas e situações. Uma oração de Salmos diz: "Guarda a minha alma e livra-me; não me deixes confundido, porquanto confio em ti" (Salmos 25,20).**

“Perseverar não é apenas insistir no trabalho, mas também manter uma vida de oração, pedindo a Deus força e direção para continuar mesmo quando tudo parece perdido.”

Dia 13

Como vencer hábitos ruins, ansiedade e desânimo sem perder a performance

O justo pode cair sete vezes, mas se levanta novamente.
Provérbios 24,16

Se você decidiu empreender, já percebeu que enfrentar perdas e quedas é inevitável. Contudo, a diferença entre o fracasso definitivo e o sucesso está na capacidade de se levantar após todas as quedas. O versículo-chave deste capítulo nos ensina que, assim como o justo, o empreendedor resiliente não se deixa abater pelas dificuldades, mas as encara como oportunidades de aprendizado e crescimento.

Não só na Bíblia, mas também grandes nomes do empreendedorismo partem dessa mesma premissa. Napoleon Hill diz que fracassar nada mais é do que ter a chance de começar de novo, mas de forma mais inteligente.[6] Isso reforça a ideia de que cada queda é uma lição e um passo em direção ao sucesso. No mundo dos negócios, assim como na vida, os desafios nos moldam, nos ensinam a ser mais estratégicos e a confiar mais em Deus para encontrar novos caminhos.

Talvez você tenha enfrentado um projeto que não deu certo, perdido um cliente importante ou lidado com um prejuízo financeiro inesperado. Para quem decidiu empreender, correr riscos é quase um estilo de vida. Pense em empresas que, durante períodos difíceis, transformaram suas operações, investiram em novas estratégias ou buscaram inovação para atender às necessidades do mercado. Essa capacidade de mudar, mesmo em meio à adversidade, reflete a resiliência que o empreendedor deve cultivar.

---

[6] Napoleon Hill, op. cit.

Jesus também nos deu um grande ensinamento sobre perseverança em Lucas: "Contou-lhes Jesus uma parábola para mostrar que deviam orar sempre e nunca desanimar" (Lucas 18,1). Perseverar não é apenas insistir no trabalho, mas também manter uma vida de oração, pedindo a Deus força e direção para continuar mesmo quando tudo parece perdido.

Conheci pessoas, inclusive empresários, que desistiram da jornada e caíram em profunda depressão. Sair desse poço em que o inimigo pretende te jogar é muito mais difícil! O mal deste século são as doenças psicológicas. Apesar de um tema sensível, abordar esse assunto pode te livrar de algumas ciladas. Para começar, vou elencar os transtornos mentais mais comuns, e vou explicar a importância de falar sobre esse tema:

- **Transtornos do humor: Depressão maior, distimia, transtorno afetivo bipolar;**
- **Transtornos de personalidade: Antissocial, borderline, narcisista, esquizoide, esquizotípica, dependente, obsessivo-compulsivo;**
- **Transtornos neurocognitivos: Alzheimer, Parkinson;**
- **Transtornos do neurodesenvolvimento: Autismo, déficit de atenção (TDAH);**
- **Transtornos psicóticos: Esquizofrenia, transtorno delirante;**
- **Transtornos ansiosos: Fobias, síndrome do pânico, ansiedade generalizada;**
- **Transtornos relacionados ao uso de substâncias: Álcool, cigarro, drogas ilícitas, medicamentos;**
- **Transtornos do sono: Insônia, hipersonolência, narcolepsia, sonambulismo, apneia do sono.**

Fiz questão de citar nessa lista os transtornos mais comuns, porque sei que você já teve ou já conviveu com alguém que sofre com algum deles. Ou seja, quero que você entenda que ninguém está imune a isso e que se você não se policiar, pode também entrar na lista dos diagnosticados.

Por que temos tanta ansiedade? Por que perdemos o sono com facilidade? Por que é tão difícil manter a dieta e muitas vezes comemos compulsivamente? Por que parece impossível ter foco para ler ou aprender algo novo? Por que mesmo indo para a cama cedo parece que já acordamos cansados?

As pessoas estão viciadas em entretenimento, em vídeos curtos, em recompensa imediata; passam os dias fazendo comparações nas redes sociais. Querem ter dinheiro e sucesso, mas a disposição física e mental está fadigada, viciada, mal alimentada, por isso não conseguem alcançar nada.

Na maioria das vezes, esses transtornos são desencadeados pelo excesso de dopamina e por maus hábitos. Se você tem uma família e um negócio que dependem de você, se tem sonhos e objetivos a alcançar, talvez seja o momento de refletir sobre quais hábitos são importantes manter e quais devem ser abandonados ou substituídos. Ore e peça a Deus para te revelar e te dar discernimento sobre isso.

Os valores estão invertidos. É muito caro pagar trinta reais em um livro, mas a mensalidade da Netflix é barata. Pagar uma refeição em um bom restaurante é caro, mas o fast food no final de semana é barato. É inadmissível passar cinco anos estudando e cursando uma faculdade, é muito tempo! Mas nos últimos cinco anos a maioria das pessoas dedicou tempo apenas ao entretenimento e ao ídolo do século: a tecnologia. Não investem em conhecimento de qualidade.

Devido à busca por dopamina e recompensas imediatas, as pessoas já não conseguem esperar nada. Tive alunos nas minhas mentorias que iniciavam o tráfego pago e queriam já estar milionários no primeiro mês. Era notável que a empresa estava crescendo, angariando seguidores qualificados, investindo no *branding*, tornando-se conhecida no digital — e é o que sempre prometo aos meus clientes no primeiro mês. Todavia, a venda e o retorno financeiro vêm depois do plantio. A colheita é certa, mas exige tempo. Algumas pessoas não conseguem esperar. Desistem.

Começam a buscar "fórmulas mágicas de efeito instantâneo" e acabam morrendo no mercado digital, simplesmente por falta de persistência e constância.

A Palavra que estamos estudando hoje fala sobre cair e se levantar. O desânimo vai chegar para você mais cedo ou mais tarde. Haverá dias em que você não estará motivado: estará cansado, sem forças, e talvez venha a vontade de desistir de tudo. Respire. Recalcule a rota! Será que esse desânimo é porque você precisa descansar? Desacelerar? Ou será que é consequência dos maus hábitos que já citamos — excesso de conteúdo fútil na internet, alimentação inadequada, falta de exercícios físicos etc.?

Esses maus hábitos e a inversão de valores são, na maioria das vezes, a causa do desânimo. Um corpo doente, uma mente ansiosa e o excesso de trabalho já são fatores suficientes para desanimar alguém que tenha uma empresa para gerir.

Como líderes, precisamos manter nossos olhos no propósito e confiar na provisão divina. "Esforcem-se e não fiquem desanimados, pois o seu trabalho será recompensado" (2 Crônicas 15,7). Não importa quantas vezes você caia ou desanime, Deus promete renovar suas forças e guiá-lo no caminho certo. "Mas os que esperam no Senhor renovarão as suas forças. Voarão como águias; correrão e não ficarão exaustos, andarão e não se cansarão" (Isaías 40,31). Levante-se, ore, confie, peça a Deus para direcionar as decisões que você precisa tomar ainda hoje. E lembre-se: você só fracassa quando desiste!

Hora de virar a chave

A Bíblia nos oferece ensinamentos que nos conduzem a uma vida plena, e isso também se aplica aos empreendimentos. Veja abaixo versículos que nos dão força e direcionamento e anote outros que falem ao seu coração. Revisite-os quando precisar.

- **Ore pedindo força e direção a Deus: *"Lançando sobre ele toda a vossa ansiedade, porque ele tem cuidado de vós"* (1 Pedro 5,7).**

- **Relembre que Deus está no controle:** ***"Sabemos que Deus age em todas as coisas para o bem daqueles que o amam"*** **(Romanos 8,28).**
- **Levante-se e continue com fé:** ***"O justo pode cair sete vezes, mas se levanta novamente"*** **(Provérbios 24,16).**
- **Peça ajuda. Selecione hábitos que devem permanecer e hábitos que devem ser abandonados:** ***"Onde não há conselho fracassam os projetos; mas com os muitos conselheiros há bom êxito"*** **(Provérbios 15,22).**
- **Confie que Deus fortalecerá você:** ***"Mas os que esperam no Senhor renovarão as suas forças"*** **(Isaías 40,31).**

“Lembre-se de que seus filhos, sua família, o cuidado com seu corpo e até mesmo sua intimidade com Deus vão disputar as mesmas 24 horas. Saiba distribuir esse tempo.”

Dia 14

Como ter produtividade máxima sem esgotamento

Ensina-nos a contar os nossos dias, para que alcancemos um coração sábio.
Salmos 90,12

O tempo é um dos recursos mais valiosos que Deus nos deu, e sua administração eficaz é essencial para empresários que desejam equilibrar suas responsabilidades profissionais com uma vida pessoal saudável. Esse versículo-chave nos lembra da importância de usar nosso tempo com sabedoria, reconhecendo que cada dia é uma dádiva e uma oportunidade de cumprir o propósito de Deus.

No dia a dia empresarial, é fácil cair na armadilha de uma agenda sobrecarregada. Reuniões intermináveis e prazos apertados podem consumir as horas, deixando pouco ou nenhum espaço para a família ou momentos de descanso. Contudo, Deus nos chama a viver com equilíbrio e discernimento.

Uma gestão eficaz do tempo começa com a definição de prioridades. O empresário sábio não tenta fazer tudo, mas se concentra no que realmente importa. Jesus demonstrou isso em Seu ministério: mesmo tendo uma missão tão grandiosa, Ele nunca foi apressado ou negligente. Ele sabia quando ensinar, quando descansar e quando orar. Da mesma forma, devemos buscar equilíbrio entre o trabalho árduo e o descanso necessário.

Em alguns momentos na minha jornada como empresária, o cansaço era tão grande que eu já não queria ouvir a voz de ninguém. A famosa frase das nossas mães: "Que vontade de sumir". Brincadeiras à parte, comecei a analisar o que estava roubando meu tempo. Já falamos um pouco sobre isso em outras reflexões;

sobre as redes sociais, Netflix, tempo desperdiçado com coisas inúteis — quando utilizadas sem objetivo e em excesso. Todavia, mesmo no trabalho é importante analisar o que pode estar ocupando tempo além do devido na sua vida.

Eu tinha o hábito de aceitar convite para todo café que aparecesse. Quem me convidava eram outras empresárias ou até mesmo pessoas que mostravam certo interesse em meus serviços de mentoria e marketing.

Porém, comecei a perceber que esses cafés estavam ocupando mais tempo do que o necessário... e essas pessoas que se mostravam interessadas em meus serviços muitas vezes tiravam as dúvidas pontuais durante aquela conversa, porque eu sempre acabava "entregando o ouro", e por fim não contratavam treinamento ou mentoria. Resultado? Tempo perdido e nenhum lucro.

Não quero que você me veja como alguém extremamente capitalista que não quer tomar um café com as amigas. Não é sobre isso. Ainda hoje gosto de ter esse momento com as pessoas que gosto e admiro, mas a diferença é que me tornei muito mais seletiva. Muito mesmo.

Ao ser convidada por alguém para um café, procuro saber em que posso ser útil para essa pessoa e como essa conexão também pode ser útil para mim. Aprendi sobre isso no livro *Especialista em pessoas*, do Tiago Brunet, no qual ele diz que todos nós, sem exceção, temos interesses pessoais ao conhecer alguém e desejar uma aproximação, e tudo bem, isso é normal.[7] Porém, sabendo disso, preciso analisar se essa amizade ou conexão vai me gerar boas experiências, experiências ruins ou experiência nenhuma.

Falo sobre esse tema também em outros dias, mas hoje vou me ater a compartilhar quanto essa gestão do tempo fez diferença nos meus negócios. Escolha bem as pessoas a quem você vai dedicar o seu tempo em relação ao trabalho. Lembre-se de que seus filhos, sua família, o cuidado com seu corpo e até mesmo

---

[7] Tiago Brunet, *Especialista em pessoas: Soluções bíblicas e inteligentes para lidar com todo tipo de gente*. São Paulo: Academia, 2020.

sua intimidade com Deus vão disputar as mesmas 24 horas. Saiba distribuir esse tempo.

A administração do nosso tempo reflete muito na nossa saúde espiritual. Quando negligenciamos tempo de qualidade com Deus e com aqueles que amamos, nossa vida perde equilíbrio. Em Mateus, a Bíblia nos ensina: "Busquem, pois, em primeiro lugar o Reino de Deus e a sua justiça, e todas essas coisas lhes serão acrescentadas" (Mateus 6,33). Também gosto de citar algo que o Joel Jota diz: "Saúde, família, trabalho. Não inverta a ordem!".

Eu ainda acrescentaria Deus na primeira posição: "Deus, saúde, família, trabalho". E veja bem que eu acrescentei "Deus", e não igreja. Acho louvável uma pessoa que se dedica à obra na igreja, que participa de ações e ministérios. Sempre apoiei esse tipo de dedicação, porém já vi famílias sendo destruídas porque a esposa ou marido não saía de dentro da igreja, assumindo diversos cargos e deixando de lado a saúde e a família. E o pior: ao cuidar tanto do templo, já não sobrava tempo para orar, estudar a Bíblia, ter um momento a sós de intimidade e comunhão com o Senhor. Ou seja, mais uma vez vemos o quanto o equilíbrio e a sabedoria são cruciais na administração do tempo.

Se você tem 24 horas e dorme por oito horas, sobram dezesseis horas. Você pode dedicar uma hora para algum esporte ou atividade física, duas horas para se alimentar e ler um livro. E mesmo que como empresário você ainda trabalhe oito horas por dia, até agora gastamos onze horas. Ou seja, ainda restam cinco horas para dedicar à espiritualidade, ao entretenimento e à família.

Fico chocada quando alguém me fala que não vai à academia e não faz atividade física por falta de tempo. A saúde deveria ser a maior prioridade do empresário. Afinal, qual o sentido de ser bem-sucedido nos negócios e depois não ter saúde para desfrutar das conquistas? Não ter saúde para aproveitar os momentos felizes ao lado de quem se ama?

Quem me segue sabe que acordo às 5h30 da manhã para ler, porque é mais tranquilo, tenho silêncio e maior concentração.

Gosto de orar também pela manhã e em seguida vou à academia. Todos os dias. Sábado, domingo, feriado. Dias úteis e não úteis. Por que faço isso? Porque não negocio com a minha mente. Eu simplesmente vou. Se você der espaço para sua mente raciocinar o motivo de estar indo, já é provável que não vá.

Hoje você escovou os dentes? Se ainda não fez isso, tenho certeza de que vai fazer. Antes de escovar os dentes, você fica refletindo: "Nossa, preciso escovar os dentes hoje para não ter nenhuma cárie. Já pensou perder os dentes muito jovem? Deus me livre! Ah, hoje não posso deixar de escovar os dentes! Deixe-me já fazer isso logo!"? Você faz esse tipo de reflexão? Duvido. Está no automático porque não se trata de uma escolha, trata-se de um **hábito**.

Da mesma forma, não fique pensando no motivo de ir à academia, porque seu cérebro vai interpretar como uma obrigação, uma dívida. Antes eu usava erroneamente a frase "tá pago". Aprendi recentemente que ao dizer isso nosso cérebro já remete a ação ao sentimento de dívida. E não, não é uma dívida. É um investimento no seu futuro, na sua família e, inclusive, nos seus negócios. Sem saúde você não vai conquistar nada. Pelo contrário, estará condenado a depender dos outros na velhice. E não é isso que você quer, é?

Portanto, não deixe para amanhã o que você pode começar hoje. Hoje é quinta-feira? Terça? Domingo? Se você estiver lendo este livro pela manhã, comece hoje. Se não, amanhã mesmo. Não espere a segunda-feira. Tenha foco e disciplina. Você gostaria de ter um sócio doente? Deus também não quer um sócio doente, ele quer ver você vencer, acredite.

Reflita hoje: como você tem administrado o tempo que Deus lhe deu? Sua agenda está alinhada com suas prioridades? Peça ao Senhor ajuda para contar seus dias com sabedoria, equilibrando produtividade com descanso e propósito com paz. Lembre-se: tempo bem administrado é tempo que glorifica a Deus e promove equilíbrio em todas as áreas da sua vida. Repito: cuidado ao lotar a sua agenda com coisas que não estão na agenda de Deus.

Hora de virar a chave

Algumas práticas simples podem ajudar no gerenciamento do seu tempo:

- **Planeje com antecedência: Separe momentos no início da semana para organizar sua agenda. Defina tarefas prioritárias e elimine distrações, reuniões e atividades desnecessárias.**
- **Aprenda a delegar: Confie na sua equipe para pedir feedback e compartilhar responsabilidades.**
- **Separe tempo para o descanso: O próprio Deus descansou no sétimo dia (Gênesis 2,2-3), mostrando-nos que o descanso é essencial. Faça pausas e dedique momentos para renovar sua mente e corpo. Dedique tempo também aos estudos e momentos de lazer com a família.**

“Eu conseguia ver claramente de onde Deus tinha me tirado e onde ele havia me colocado.”

Dia 15

Descubra se você está vivendo o propósito que Deus desenhou para você

Muitos são os planos no coração do homem, mas o que prevalece é o propósito do Senhor.
Provérbios 19,21

Seu nascimento pode ter sido uma surpresa para os seus pais, mas não para Deus. Todos nós viemos ao mundo com alguma missão a ser cumprida, algum chamado. Acredite, você não está nesse mundo, nessa família, nessa cidade e nem nessa empresa por acaso.

Hoje quero convidá-lo a refletir sobre seus talentos. O que você faz de melhor? Na empresa que Deus te entregou, na sua função de líder, como você se destaca? Você sabe fazer algum trabalho com mais qualidade ou de maneira mais eficiente que os demais? E nos momentos de lazer, qual habilidade sua é elogiada pelos seus amigos e familiares?

Quando eu era criança, minhas tias discutiam o fato de eu não gostar das mesmas brincadeiras que as outras crianças. O que eu amava fazer era escrever, desenhar e brincar de ser professora. Gostava de liderar e ajudar as outras crianças a aprender algo novo. Nunca fui tímida; pelo contrário, adorava discursar para qualquer plateia que estivesse disposta a me ouvir.

Tentei me desenvolver em diversas funções e empregos durante a vida, mas sem me sentir feliz e realizada. Até que, finalmente, aos quase trinta anos, comecei a fazer algo que encheu minha vida de alegria e significado: escrever, palestrar e ensinar.

Você começou a ler este livro porque quer que seu negócio prospere, isso é um fato. Mas se ainda assim você não estiver cumprindo o propósito para o qual Deus te chamou, garanto que você não estará satisfeito e não será feliz.

Você já deve ter ouvido falar de pessoas muito bem-sucedidas nos negócios, ricas, influentes, mas que em algum momento da vida se declararam infelizes ou até mesmo depressivas.

Todo propósito que Deus escolhe para o homem terá impacto em outras pessoas. Deus nos criou para servir, e Jesus mostrou isso de inúmeras formas durante seu ministério na Terra. A pergunta de hoje é: você tem ouvido alguns "nãos" de Deus? Já aconteceu de você tentar várias vezes abrir uma porta, e essa porta simplesmente não ceder aos seus esforços? O que você pensa em fazer? Pegar um atalho? Pular a janela?

Deus não nos quer em atalhos. Ele traçou um caminho para você. Você foi criado para uma missão específica. Pode ser que você ainda não saiba qual é essa missão e por isso fica insistindo em algo que não é para você.

Mas como saber se estou vivendo o propósito de Deus? Como saber se estou cumprindo a missão que me foi designada? Permita-me contar como descobri o meu propósito.

O ano era 2006. Fui demitida de uma loja de calçados em Marília-SP. Naquele dia, meu chefe me chamou e perguntou: "Karina, o que você gosta de fazer?". Eu respondi: "Ah, eu comecei agora um curso de Photoshop e estou gostando de aprender isso". Então ele disse: "Boa! Vá então fazer isso. Porque para vender você não presta". No dia fiquei decepcionada, chorei muito. E durante anos não quis trabalhar diretamente com vendas, porque, afinal... eu não prestava para vender.

Então, consegui um emprego no parque aquático de Marília. Meu trabalho era tirar a grama em volta das piscinas com uma enxadinha e um rastelo. O sol matava, e eu chegava em casa com muita dor nos braços por carpir a tarde toda. Mas estava feliz, afinal, não era vendedora e precisava do dinheiro para pagar a Microlins e parte da faculdade de marketing, que eu iniciaria pelo ProUni, pois meus pais, na época, não tinham condições de pagar. O tempo passou. Seis anos depois, já com 23 anos, assumi o cargo de gerente em um estúdio de fotografia e vídeo e precisei voltar a vender, o que não me parecia ruim, mas aquela minha crença não me deixava ver as vendas como carreira.

Meu pai, que foi servidor público a vida toda, me incentivou a estudar para concursos públicos, porque assim eu teria algo estável. Eu, presa à ideia de que não prestava para vender, vi nessa alternativa uma grande saída. Então, em 2012, iniciei minha jornada de "concurseira". Já havia me formado em marketing, e iniciei a faculdade de direito.

E assim se passaram sete longos anos, estudando direito e prestando concursos. Nesse interstício também trabalhei como gerente de uma metalúrgica. Eu estava sempre me abstendo de finais de semana, estudando de madrugada, controlando a ansiedade com medicação. Quem já estudou para concursos federais sabe como a pressão de ser aprovado destrói o psicológico de qualquer um.

Finalmente, fui aprovada em quatro concursos, depois de sete anos estudando e uma sequência de mais de trinta reprovações. E "coincidentemente" todos os concursos em que passei tiveram problemas na homologação ou no próprio certame, e eu não fui nomeada.

Eu chorava e questionava a Deus: por que ainda não tinha a carreira que tanto sonhava? Minha faculdade de direito tinha que valer a pena. Era uma autocobrança constante que me gerava uma ansiedade descomunal. Comecei a intensificar ainda mais os estudos e fazer outras provas, porque sentia que não podia desistir.

Comecei a manipular vários compostos de energéticos para aumentar ainda mais a carga horária de estudos. Tenho até hoje os resumos que eu fazia para estudar, borrados pelas lágrimas. Eu tremia bastante enquanto escrevia, devido ao uso indiscriminado de substâncias manipuladas para me manter acordada, e chorava em cima dos livros. Era insano. Trabalhava o dia todo, ia para a faculdade, chegava tarde da noite para lavar roupas e cozinhar, e estudava na madrugada e nos finais de semana.

Certa vez, o médico me advertiu a parar de fazer uso desses manipulados ou eu poderia morrer com uma parada cardíaca.

Pois bem. Não parei. Eu tinha que ser nomeada em um concurso a qualquer custo.

Em meio a todo aquele desespero e sentimento de fracasso, comecei a advogar, porque precisava de uma renda melhor. Logo percebi que não era o que eu gostava de fazer, e me sentia infeliz.

Certa noite, enquanto ainda estava com esperanças de ser chamada para assumir um cargo público, passei em frente a uma igreja evangélica e decidi entrar, sozinha. Naquela noite, o pastor me chamou. Apesar de nunca tê-lo visto antes, ele disse: "A realização profissional que você tanto busca não está na sua área de formação. Deus vai te colocar em um lugar muito diferente de tudo que você imagina". Na hora eu pensei: "Oi? Ele só pode estar louco. Quer dizer que estudei cinco anos de direito e sete anos para concursos para nada? É isso que ele quer dizer? Isso não vem de Deus, não". Saí dali triste, revoltada, e como de costume, escrevi uma oração, que guardo até hoje.

Pedi para Deus que se apressasse em me mostrar um caminho porque eu estava cansada. Três meses depois, recebi a proposta de abrir um polo da Universidade de Marília. Eu teria que trabalhar com vendas e atendimento novamente. Veio o medo. A voz do meu antigo chefe dizendo que eu não prestava para vendas. Além disso, as pessoas diziam que era um péssimo negócio porque já havia muitos polos na cidade. Mesmo assim insisti e comecei.

No início, estava bem perdida. Voltei a estudar assuntos da minha primeira faculdade. Percebi então que precisaria estudar mais ainda. Fiz pós-graduação em programação neurolinguística para vendas e em marketing na USP. Estudei tráfego pago como se minha vida dependesse disso (e dependia) e nos três primeiros anos, depois de muito trabalho e estudo, ficamos em primeiro lugar no ranking nacional de vendas da Unimar.

Finalmente me sentia realizada. Finalmente um propósito de vida. Ver as pessoas crescendo profissional e financeiramente através do curso superior… que alegria! Uma colação de grau, uma formatura, cada aluno fazia parte de um sonho que Deus sonhou para mim. E eu podia ver os resultados, ver as pessoas sendo abençoadas por meio do meu trabalho. Eu sentia em tudo aquilo uma satisfação enorme, um prazer e uma alegria que não se pode medir.

O polo cresceu, e abri outras quatro unidades: Paraguaçu Paulista, Bauru, São José do Rio Preto e Presidente Venceslau, todas no interior de São Paulo. De fato, a minha realização profissional não veio da formação em direito, como o pastor profetizou. A Unimar foi realmente um divisor de águas em minha vida.

Comecei então a formar pessoas e palestrar sobre vendas. Fiz muitos outros cursos e especializações nessa área e descobri mais do que uma habilidade, uma paixão. As pessoas começaram a me procurar para ministrar cursos e treinamentos para empresas.

Em 2024, fiz minha primeira viagem internacional para Dubai, e no dia 21 de novembro do mesmo ano, cheguei de Uber em Paris. Naquele momento, os sentimentos tomavam conta, uma gratidão que eu não tinha como explicar. Pensava em minha mãe pedindo cestas básicas na igreja para nos sustentar e nas cartas de notificação de despejo que recebíamos porque os aluguéis estavam atrasados. Naquela época, ela criou um brechó com as próprias roupas para vender e pagar as contas. Lembro-me de um dia bem marcante, em que ela trocou um dos vestidos de que mais gostava por um fardo de caixinhas de leite para o meu irmão mais novo.

Eu conseguia ver claramente de onde Deus tinha me tirado e onde ele havia me colocado. Ele ouviu minhas orações, e sou grata por cada "não", por cada porta que se fechou. Deus sabia qual era a porta certa que ele iria abrir, e não eu.

Essas viagens, pagas com o fruto dos meus treinamentos de vendas, foram a prova mais tangível do poder da oração e do que significa **propósito**. Talvez o que desejamos em determinado momento não tenha nada a ver com o propósito de Deus para nós. E se você tiver temor, mas consagrar sua vida a Deus e orar, Ele vai te mostrar o caminho e dar os "nãos" necessários.

Eu saí da ilusão de ser empregada do governo para ser sócia de Deus. Por isso fez tanto sentido compartilhar essa história com você, leitor. Veja novamente o versículo da nossa reflexão de hoje:

"Muitos são os planos no coração do homem, mas o que prevalece é o propósito do Senhor" (Provérbios 19,21). Deus tem um chamado específico para cada um de nós, e esse chamado é a nossa vocação — algo que une nossos talentos, paixões e a oportunidade de servir ao próximo.

Jesus ouviu cada uma das minhas orações e assim realizei meu maior sonho através dos meus cursos on-line e presenciais, dos treinamentos, das mentorias e das minhas empresas na área da educação, formando pessoas no ensino superior e capacitando pessoas para vendas. A voz daquele chefe só serviu de testemunho. E que testemunho! Lembre-se: você não é o que dizem que você é. E você só fracassa quando desiste.

Hora de virar a chave

Aqui estão alguns passos práticos e princípios bíblicos para ajudá-lo a descobrir sua vocação. Após a reflexão, anote como você se enxerga:

1. **Ore e busque direção: Dedique tempo para buscar a vontade de Deus em oração. "Peçam, e lhes será dado; busquem, e encontrarão; batam, e a porta lhes será aberta" (Mateus 7,7). Peça a Ele clareza para enxergar de que forma você pode ser mais útil e cumprir o Seu propósito.**
2. **Identifique suas paixões e talentos: Deus nos dá dons e habilidades únicas para serem usados para Sua glória. "Cada um exerça o dom que recebeu para servir os outros, administrando fielmente a graça de Deus em suas múltiplas formas" (1 Pedro 4,10). Pergunte-se: o que você faz bem e com alegria?**
3. **Ouça o conselho de outros: Busque a perspectiva de pessoas de confiança que conhecem bem você. "Onde não há conselho fracassam os projetos; mas com muitos conselheiros há bom êxito" (Provérbios 15,22). Outras pessoas podem enxergar talentos em você que você mesmo não percebe.**

“Devemos nos concentrar no que é positivo e confiar que Deus vê e recompensa nossos esforços, mesmo quando as pessoas ao nosso redor não o fazem imediatamente.”

Dia 16

O caminho bíblico para alcançar sucesso e reconhecimento duradouros

Porque, como o homem imagina em sua alma, assim ele é.
Provérbios 23,7

Todos nós queremos ser reconhecidos pelo nosso trabalho, por aquilo que fazemos. Queremos ser respeitados e admirados. Mesmo que de forma subconsciente, esse sentimento faz parte do instinto e da formação de todo ser humano.

Todavia, nem sempre somos notados ou aplaudidos como gostaríamos pelos amigos, pala família, pelos funcionários ou colegas de profissão.

Colossenses diz: "Tudo o que fizerem, façam de todo o coração, como para o Senhor, e não para os homens" (Colossenses 3,23). Isso porque, mesmo que pareça que você não está sendo visto, tenha certeza de que Deus está te vendo e vai te recompensar quando você decidir fazer o seu melhor.

Estudando neurociência descobri que atraímos tudo aquilo que pensamos ou falamos, e que a tal Lei da Atração realmente existe, e é comprovada cientificamente. Mas como?

O Sistema de Ativação Reticular Ascendente (Sara) é uma rede de neurônios que ajuda o cérebro a filtrar e priorizar as informações que recebe. É responsável por manter o cérebro em estado de alerta e estabelecer prioridades, ajudando a decidir o que é importante e o que pode ser ignorado. Resumidamente, cabe ao Sara:

- **Filtrar e priorizar as informações que recebemos do ambiente;**
- **Modular a atenção e o foco;**

- **Permitir a percepção e a resposta eficazes aos estímulos externos.**

Quando você está com um amigo em um restaurante lotado e consegue prestar atenção somente na conversa com ele, se desliga de todos os outros impulsos externos sensoriais, como as vozes das outras pessoas, barulho de cadeiras, pratos e música ambiente, é o Sara agindo.

E você que é mãe... quando descobriu a gravidez, começou a ver grávidas em todo lugar? Ou quando pensou em comprar um carro novo, esse carro aparecia pela cidade toda? Isso não significa que antes não havia grávidas e carros dessa marca e modelo... significa apenas que você programou o seu Sara para um foco específico, e de agora em diante seu cérebro vai tratar isso como prioridade.

E o que isso tem a ver com reconhecimento, sucesso e prosperidade? Simples: tudo aquilo que você foca, expande. E, como vimos, isso também é bíblico.

Lembro-me de um ex-chefe que costumava falar que tinha "pressentimentos". Várias vezes ele chegou à empresa dizendo: "Karina, não sei explicar, mas hoje acordei com um mau pressentimento. Quando eu acordo assim, pode ter certeza de que tudo dará errado". Eu sempre tentava refutar aquela afirmação infundada, dizendo que o dia ia ser uma bênção, perguntando se ele tinha orado antes de sair de casa etc. Mas não resolvia muito. Logo ele aparecia me contando as tragédias do dia: um fornecedor atrasou a entrega, um funcionário bateu o carro da empresa, um cliente reclamou do serviço prestado, entre outros revezes. E, como sempre, ele já trazia o jargão: "Olha aí, Karina! Não te falei que o dia ia ser péssimo? Quando eu tenho esse pressentimento eu nunca erro!". E, de fato, nunca vai errar. Porque quando você acorda e programa o seu Sara para focar as coisas ruins, pode aparecer a melhor oportunidade de venda, a melhor bênção, o amor da sua vida, a condição mais favorável para um negócio, o melhor parceiro e sócio que você poderia conhecer... você vai não conseguir enxergar.

Nas minhas mentorias, já recebi muitos alunos que no início falavam que as vendas iam mal e a empresa ia mal porque "O povo aqui de Presidente Prudente não compra", "O povo dessa cidade não reconhece", "O povo dessa região não investe...". Volto a salientar: você não prospera no lugar que você não abençoa. Não amaldiçoe a cidade que você mora. Não terceirize a culpa. Até porque, quando uma empresa vai mal, quase sempre a causa é a má gestão, a péssima liderança ou o próprio pessimismo e mentalidade de fracasso e escassez do gestor.

Você sabe o que é antolho? É aquele equipamento colocado nos olhos do cavalo para fazer com que ele olhe apenas para a frente, geralmente utilizado em animais de carga ou de montaria. Assim funciona o Sara. Seu cérebro irá estabelecer um foco, uma prioridade, e eliminar todo o resto.

Permita-me citar um último exemplo: já conheceu alguém que vive reclamando de dores no corpo? Pois é... agora você já sabe. O efeito placebo parte dessa mesma premissa. Placebo é um medicamento que parece real, mas é composto por substâncias inativas, como amido e açúcar. É uma pílula fake. Algumas pessoas, quando ingerem essa pílula, acreditando ser um remédio para a cura de sua doença, são verdadeiramente curadas.

Da mesma forma, se você já acorda agradecendo, com pensamento positivo, acreditando que o dia será cheio de boas notícias e bons negócios, é natural que o seu Sara foque as coisas boas. E se surgir uma grande oportunidade — que apareceria tanto para o otimista quanto para o pessimista —, você, que programou seu Sara para focar prosperidade e bênção, estará atento e não a deixará passar.

"Nossa, Karina! Isso parece a descrição fiel da Lei da Atração!" Sim, por isso eu digo que a Lei da Atração não é misticismo, é apenas um nome bonito para a função exercida pelo Sistema de Ativação Reticular Ascendente.

E para encerrar nossa reflexão sobre esse tema, lembre-se: quando seu estado neurofisiológico está voltado para a negatividade, seu corpo e linguagem não verbal correspondem a esse comando.

De acordo com o professor Albert Mehrabian, a linguagem corporal representa 55% da comunicação face a face. Seu corpo transmite muito mais as suas verdadeiras intenções e pensamentos do que suas palavras.[8]

Uma pessoa triste, desmotivada ou doente vai inevitavelmente demonstrar isso em sua linguagem corporal: ombros caídos, olhar voltado para baixo, entonação fraca etc. É possível fazer uma boa venda, uma boa negociação ou liderar uma equipe assim? Se você, como empresário, chega à empresa com essa postura, ainda que não esteja falando de maneira pessimista, vai incentivar sua equipe? Lembre-se de que os resultados de uma empresa são reflexo da liderança.

Por isso, quando você se dedica a pensar ou falar que não é reconhecido, que não é bom o bastante, que não teve oportunidades e sorte na vida, seu corpo involuntariamente reflete essa insatisfação, e as pessoas ao redor se sentem igualmente desmotivadas. Você já teve essa sensação ao conversar com uma pessoa murmuradora, como se ela sugasse as suas energias?

Por isso, quando alguém identifica um pessimista, duas coisas podem acontecer:

a. **Se essa pessoa também é pessimista e murmuradora, vai se aproximar dele, acreditando ter encontrado alguém com quem se sentirá confortável para se lamentar. Isso ocorre porque temos a tendência de nos familiarizar com pessoas parecidas conosco. Assim, dificilmente você verá uma pessoa próspera, bem-sucedida e otimista mantendo amizade com alguém que é o oposto.**

b. **Se essa pessoa for otimista, se afastará do murmurador. E se for alguém de nível hierárquico superior, é natural que não queira promover o murmurador e, consequentemente, que não enxergue valor em uma pessoa como ele.**

---

[8] Albert Mehrabian, *Silent Messages: Implicit Communication of Emotions and Attitudes*. Belmont, CA: Wadsworth, 1971; *Nonverbal Communication*. New York: Routledge, 1972.

Quando você pensa e fala por aí que não é notado e que seu esforço não é reconhecido, suas palavras fazem com que essa inverdade se torne realidade.

A solução está em mudar a mentalidade. Devemos nos concentrar no que é positivo e confiar que Deus vê e recompensa nossos esforços, mesmo quando as pessoas ao nosso redor não o fazem imediatamente. Filipenses nos ensina: "Finalmente, irmãos, tudo o que for verdadeiro, tudo o que for nobre, tudo o que for correto, tudo o que for puro, tudo o que for amável, tudo o que for de boa fama, se houver algo de excelente ou digno de louvor, pensem nessas coisas" (Filipenses 4,8).

Além disso, nossas palavras têm impacto direto em nosso ambiente e em como as pessoas nos percebem. Em vez de reclamar da falta de reconhecimento, experimente falar palavras de gratidão e encorajamento para sua equipe e para sua família. Provérbios diz: "A língua tem poder sobre a vida e sobre a morte; os que a usam habilmente serão recompensados" (Provérbios 18,21). Quando escolhemos palavras positivas, criamos um ambiente mais saudável, atraímos reciprocidade, amor e um sincero reconhecimento das pessoas que amamos.

Como você tem falado sobre si mesmo e suas circunstâncias? Seus pensamentos e palavras estão alinhados com a verdade de Deus? Nesses últimos anos, será que Deus se esqueceu de você e te abandonou? Não há nada a agradecer e louvar ao Criador?

Hoje, experimente não falar para Deus o tamanho dos seus problemas, mas falar para os seus problemas o tamanho do seu Deus.

Hora de virar a chave

Aqui estão algumas práticas que podem transformar sua mentalidade e seu ambiente:

- **Reflita sobre suas conquistas: Agradeça a Deus pelo que você já alcançou e lembre-se de que seu valor não depende do reconhecimento dos outros.**

- **Declare palavras positivas: Diga coisas como "Meu trabalho é relevante e gera um grande impacto" ou "Eu sou uma bênção para minha equipe e minha família".**
- **Pratique a gratidão: Reconheça e agradeça as pequenas atitudes dos outros, mostrando o valor que você vê neles.**
- **Alinhe seus pensamentos com a Palavra de Deus: Medite em versículos que fortaleçam sua identidade e propósito em Cristo.**
- **Confie na recompensa divina: "Portanto, meus amados irmãos, mantenham-se firmes e inabaláveis. Sejam sempre dedicados à obra do Senhor, pois vocês sabem que, no Senhor, o trabalho de vocês não será inútil" (1 Coríntios 15,58).**

"A Bíblia reforça: 'Não se enganem: as más companhias corrompem os bons costumes' (1 Coríntios 15,33)."

Dia 17

Networking: como escolher amizades que aceleram seu sucesso

Aquele que anda com os sábios será cada vez mais sábio, mas o companheiro dos tolos acabará mal.
Provérbios 13,20

A neurociência já comprovou que os ambientes e as pessoas com quem convivemos influenciam nossos comportamentos. Amber Gaffney, psicóloga e pesquisadora, diz que quanto mais a sua identidade for absorvida de um grupo, maior a probabilidade de você defender os valores desse grupo, mesmo quando não estiver perto dele. E, veja, esse pensamento está na Bíblia, um livro milenar, e sua interpretação vem sendo replicada e reproduzida até hoje.

Se você é empresário ou empresária, procure andar com empresários que chegaram aonde você quer chegar. Pessoas com as quais você possa crescer, aprender mais e nas quais possa se inspirar. Acredito muito na premissa de que, se você é o mais inteligente da mesa, já chegou a hora de mudar de mesa.

Estar em um grupo em que você é o mais inteligente ou o mais rico fará com que você se sinta confortável no seu estado atual. As pessoas estarão sempre te elogiando e massageando seu ego. Esse conforto fará com que você permaneça nessa fase e adie seu crescimento. Todavia, se você estiver em um grupo em que, por exemplo, todos estão com um carro importado e você, com um carro simples e popular, é impossível você não se sentir incomodado e querer comprar um carro melhor. O ambiente molda suas percepções e, consequentemente, seu destino.

Por isso, se você pretende crescer, conhecer pessoas influentes, pessoas que estejam mais próximas de Deus e que serão bênção na sua vida, você precisa atrair isso. E você atrairá essas pessoas à medida que se tornar parecido com elas.

Entretanto, se você analisar seu grupo hoje e perceber que ele é o que você não gostaria de ser, fuja.

Quando eu comecei a empreender, percebi que meus assuntos começaram a ser chatos para alguns amigos. Eles começaram a dizer: "Ah, Ká, agora você só fala de trabalho!". E eu comecei a questionar se estava errada, mas lendo e aprendendo sobre mentalidade percebi que não: eu só estava no lugar errado.

Na época, ainda tinha algumas amizades que só falavam da vida alheia. Quando não era esse o assunto, comentavam alguma desgraça que haviam visto no noticiário. Sempre tinham uma história para contar sobre algum homem que conheceram na festinha do fim de semana. O assunto sempre envolvia bebida e festas. Um detalhe interessante: eu nunca gostei de sair, sempre fui muito caseira, nunca bebi nem fumei. Mas os amigos da faculdade tinham esse hábito e queriam compartilhar as experiências. Obviamente eu estava no ambiente errado.

Comecei a calcular o tempo que eu perdia no WhatsApp e em cafezinhos da tarde falando sobre assuntos que não me faziam evoluir em nada. Logo, tendo aprendido sobre mindset, comecei a refletir:

- **Se eu tenho uma rotina de treino e dieta, como continuar com amigas que só saem para comer lanche e pizza, que bebem álcool e têm preguiça de treinar?**
- **Se eu acordo às 5h da manhã, como vou participar de festinhas que começam às 23h?**
- **Se eu quero me aproximar de Deus, como continuar tendo conversas com pessoas que gostam de fofoca, que não têm temor e que não se importam em entristecer o Espírito Santo?**
- **Se eu quero empreender e tenho sonhos ambiciosos, como vou falar disso com pessoas que têm mentalidade de empregado e que só falam da tal estabilidade?**

- **Se eu quero falar de prosperidade, como vou continuar ouvindo amigos que só murmuram?**
- **Se eu gosto de ler e falar sobre desenvolvimento pessoal e profissional, como vou continuar me sentando à mesa onde o assunto é a novela das nove ou o Big Brother, e ninguém está disposto a investir em desenvolvimento?**

É claro que não faz sentido.

Você vai atrair pessoas parecidas com você. Elas vão te procurar para fazer parcerias quando perceberem que você pode somar algo à vida ou à empresa delas. E enquanto você estiver em grupos de pessoas que estão flertando com o fracasso, que não prosperam e que se contentam com a vida que levam, você vai afastar as pessoas que realmente vão te levar aonde você quer chegar.

Corte o vínculo. Afaste-se. Hoje é quinta-feira? Domingo? Como eu sempre digo: não deixe para depois, faça isso hoje. Não precisa ser mal-educado, claro, mas comece a evitar o máximo que puder pessoas que você sabe que não estão alinhadas com o seu propósito.

Para algumas coisas precisamos, sim, da revelação de Deus ou de um profeta, de um sinal. Mas para outras, não. Geralmente não são necessárias muitas evidências sobrenaturais para decidir com quem ter amizade, namorar, fazer sociedade ou quem contratar. Basta observar as escolhas e comportamentos. Não estou dizendo que as pessoas devem ser perfeitas, mas alguns comportamentos refletem o caráter.

Eu tive várias experiências nesse sentido, boas e ruins. Uma amiga tinha o hábito de falar — todos os dias — que não tinha dinheiro. Ela reclamava o tempo todo disso. Em algumas ocasiões até ajudei. Um dia, comprei o livro *Os segredos da mente milionária*, de T. Harv Eker — que mudou minha vida —, e dei de presente a ela. Bom, o final você já deve imaginar. Ela não leu o livro até hoje e continua reclamando e pedindo dinheiro aos outros.

As pessoas são assim. Elas querem seu sucesso, seu dinheiro, sua fama, sua influência, seu corpo. Mas não querem pagar o preço. Não querem cursar faculdade porque acham perda de tempo. Não querem ler e fazer cursos nos finais de semana. Não querem parar de gastar com vícios e festas. Não querem trabalhar nas madrugadas e domingos. Não querem ir à academia todo dia. Não vão se abster do cigarro e do fast food. Por isso eu digo: cuidado com quem você ajuda. Se você estiver em constante oração, vai saber quem são as pessoas que realmente precisam de auxílio. Mas a verdade é que a grande maioria está vivendo as consequências das próprias escolhas e dos maus hábitos. E simplesmente não querem mudar esses hábitos! Eu demorei para entender isso.

Outro ponto que merece destaque, por estarmos falando também de empreendedorismo, é a contratação. Os funcionários, dependendo do tipo de negócio, também vão conviver com você, e os comportamentos deles também vão influenciar o ambiente da sua empresa e até mesmo a sua mentalidade — e a dos demais colaboradores. Quem nunca ouviu aquele ditado que diz que uma maçã podre contamina todo o resto?

Se um colaborador usa frases como "Não levo desaforo para casa", "Minha esposa não sabe que eu saí ontem", "Eu gritei com meus pais" e "Processei meu antigo chefe", ligue seu sinal de alerta. Não estou dizendo que ele será um péssimo funcionário, mas atitudes assim devem ser observadas. Se ele não honra os pais, trai a esposa, mente, se autointitula "barraqueiro" ou fofoqueiro, será que vai respeitar sua autoridade? Ele já deixou claro que não respeita hierarquias e que não tem princípios. Será que vai ser leal quando já disse com a própria boca que é um traidor? Abra os olhos.

Tempos depois, tendo entendido essa premissa, procurei me aproximar de pessoas que tinham o mesmo objetivo que eu. Comecei a andar com pessoas que estavam no mesmo propósito.

Já mencionei em outra reflexão a importância do networking e de frequentar eventos onde se reúnem outros empresários. Você precisa ser visto, pois quem não é visto não é lembrado. E precisa ter por perto pessoas que estão na mesma jornada, dispostas a crescer, como você. Como eu disse antes, não tive apenas experiências ruins com amizades e ambientes, mas experiências boas também.

Sempre foi notável o meu crescimento e aprendizado quando estive com pessoas que compartilhavam os mesmos objetivos. Quando o assunto era gestão de pessoas, contratação de equipe e análise comportamental, por exemplo, eu sentia que não tinha conhecimento suficiente. Às vezes, por desespero, ao tentar solucionar certos gargalos, buscava no Google respostas para perguntas que nem faziam sentido.

Porém, no meio dessa jornada, conheci uma especialista em gestão de pessoas e análise comportamental que já chegou a administrar uma equipe com mais de cem colaboradores. Tínhamos muito em comum, princípios e, principalmente, objetivos. O negócio dela cresceu tanto que já não era mais um salão de beleza, mas uma rede de salões. Quantos conselhos essa mulher me deu e quantas conversas me direcionaram enquanto empreendedora! A Vanessa Vieira não só me auxiliou em muitas decisões, como impulsionou — e até hoje impulsiona — os meus treinamentos e cursos. Tornou-se uma grande amiga.

Esteja perto de quem te promove. Sirva às pessoas, colabore com seu conhecimento, tempo ou dinheiro. Seja útil na vida das pessoas com seus recursos, sem esperar nada em troca. Mas, ao mesmo tempo, seja estratégico. Não faça alianças com quem não se capacita, não estuda, não investe e não cresce, porque se você andar com cinco fracassados e murmuradores, você com certeza será o sexto.

Nossas amizades e associações têm um impacto significativo em nossa vida. O versículo-chave de hoje nos alerta para o poder da influência: caminhar com os sábios nos torna mais sábios, mas andar com os tolos pode nos levar à destruição. Para um empresário, isso é especialmente relevante.

Manter a amizade com pessoas que vivem baseadas em hábitos prejudiciais — como vício em jogos e bebidas, práticas desonestas, adultério, murmuração e brigas — pode desviar seu foco, comprometer sua reputação e até afetar sua fé. A Bíblia reforça: "Não se enganem: as más companhias corrompem os bons costumes" (1 Coríntios 15,33).

As pessoas com quem você passa mais tempo moldam suas perspectivas, hábitos e valores. Se você está cercado por aqueles que não se apoiam em princípios bíblicos, é fácil ser influenciado por comportamentos e pensamentos que não glorificam a Deus. O resultado disso pode ser um distanciamento de seus objetivos e do propósito divino para sua vida.

Por que escolher sabedoria em suas relações?

- **Influência no caráter: Provérbios diz: "Assim como o ferro afia o ferro, o homem afia o seu companheiro" (Provérbios 27,17). Boas amizades nos desafiam a crescer, a buscar excelência e a viver em alinhamento com a vontade de Deus.**
- **Impacto no negócio: Seus relacionamentos podem afetar sua credibilidade. Amizades tóxicas podem prejudicar sua reputação e afastar pessoas sérias e confiáveis.**
- **Crescimento espiritual: Pessoas que seguem princípios bíblicos ajudam a fortalecer sua fé, incentivando você a orar, agir com integridade e perseverar.**

Reflita hoje: suas amizades estão alinhadas com o propósito que Deus tem para você? Existem influências em sua vida que você precisa ajustar ou afastar?

Lembre-se: caminhar com os sábios trará bênçãos e crescimento para sua vida, enquanto más companhias podem desviar você do caminho certo. "Bem-aventurado o homem que não anda segundo o conselho dos ímpios, nem se detém no caminho dos pecadores" (Salmos 1,1). Escolha com sabedoria quem estará ao seu lado.

Hora de virar a chave

Assinale as ações que podem te ajudar a romper com influências negativas e cultivar boas amizades:

- **Avalie seus relacionamentos: Reflita sobre quem está ao seu redor. Suas amizades edificam ou afastam você de seus objetivos e de Deus?**

- **Seja intencional ao escolher amigos: Busque se relacionar com pessoas que compartilham valores semelhantes, capazes de ajudar no seu crescimento espiritual e profissional.**
- **Ore por sabedoria: Peça a Deus discernimento para identificar quais amizades devem ser fortalecidas e quais precisam ser ajustadas ou deixadas.**
- **Cerque-se de conselheiros sábios: "Onde não há conselho fracassam os projetos; mas com os muitos conselheiros há bom êxito" (Provérbios 15,22). Relacione-se com pessoas que possam orientá-lo em direção ao sucesso e à integridade.**

“E lembre-se: os objetivos que realmente sustentam uma vida próspera são aqueles que nascem da intimidade com Deus.”

Dia 18

A independência que gera prosperidade

Esforcem-se para ter uma vida tranquila, cuidar dos seus próprios negócios e trabalhar com as próprias mãos, como nós os instruímos; a fim de que andem decentemente aos olhos dos que são de fora e não dependam de ninguém.
1 Tessalonicenses 4,11-12

Esse texto aborda os principais aspectos que remetem a uma carreira de sucesso: o esforço para ter uma vida tranquila, os frutos do trabalho de nossas próprias mãos, o reconhecimento e admiração das pessoas e a independência. E como o contexto é o trabalho, essa independência diz respeito a necessidades e recursos financeiros.

Nós precisamos de outras pessoas. Somos seres gregários e não sabemos do dia de amanhã, não podemos prever o futuro. Precisamos de amigos, família, filhos, sócios, funcionários e parceiros. Como diria meu mentor, Joel Jota: "Pessoas precisam de pessoas".

Entretanto, quando dependemos de outros para nos sustentar, tomar decisões, pagar contas e para suprir necessidades básicas, seja por escolha ou negligência, o cenário já não é tão agradável.

Você já conheceu alguém que no ápice dos quarenta anos ainda mora com os pais e não trabalha? O que pensou sobre isso? Reveja a passagem "[...] a fim de que andem decentemente aos olhos dos que são de fora" (1 Tessalonicenses 4,12). Ou seja, é comum que a sociedade não veja isso com bons olhos. E nem Deus vê. É para essa situação que o versículo de hoje nos adverte.

Como é bom não depender de ninguém financeiramente! Como é bom desfrutar do trabalho de nossas mãos! Existe maior satisfação para um pai do que ir ao mercado e comprar tudo o que a família gosta sem precisar olhar os preços? Viajar com conforto e segurança para onde quiser? Ter reserva suficiente quando surgir uma grande oportunidade ou quando surgir uma emergência na saúde? Não precisar procurar agiotas e nem pedir dinheiro emprestado a familiares? Sim, esse é o melhor dos mundos. Mas como alcançar essas dádivas?

Este livro é sobre prosperidade à luz da Bíblia, e talvez você tenha passado a vida toda procurando um caminho para a prosperidade dentro do propósito.

Existem vários caminhos para se tornar rico, e você sabe disso. Porém, ao tratar a prosperidade à luz da Bíblia, aprendi e apliquei alguns critérios: estudar; trabalhar; estudar de novo; trabalhar mais ainda; ter uma família; ter o próprio negócio; abençoar pessoas através do conhecimento e do seu negócio e então poder desfrutar — com sua família — de tudo o que você conquistou com conforto e segurança. E, ainda assim, você pode seguir todos esses critérios e se sentir incompleto e vazio se não incluir os pontos-chave: Deus e a espiritualidade. Lendo a Bíblia por quase trinta anos cheguei a essa conclusão.

Quando eu era líder de jovens na igreja, alguns deles me perguntavam o que fazer para ter sucesso — no sentido de riqueza e prosperidade. Eu sempre respondia: "Estude. Estude a Bíblia, aprenda uma habilidade, faça cursos e treinamentos. Invista em conhecimento. Depois, use esse conhecimento para trabalhar, ganhar dinheiro e crescer para não ter que depender de outras pessoas". Percebe que é um plantio? São escolhas.

Nós somos o resultado das escolhas que fizemos nos últimos cinco anos. Você tem estabelecido bons hábitos no seu dia a dia para, daqui a cinco anos, colher os frutos do seu esforço, prosperar e não depender de ninguém?

O mais importante é definir o nosso objetivo de vida. Onde você quer estar daqui a cinco anos? Qual é o seu objetivo? Pois quem não sabe aonde quer chegar, não chega a lugar algum.

As **metas** são os pequenos passos, as fases, os processos que conduzirão ao objetivo a ser alcançado. Ler mais livros não é uma meta, é um objetivo. Uma meta é ler pelo menos cinco páginas por dia, para alcançar o objetivo de ler mais livros. Ficar em forma não é uma meta, é um objetivo. Ir à academia duas vezes na semana, melhorar a alimentação, evitar bebidas alcoólicas são metas que te farão ficar em forma e ter saúde. Ter mais intimidade com Deus não é uma meta, é um objetivo. Orar todos os dias e ler o devocional são metas que vão te direcionar para esse objetivo.

E na empresa? Você está investindo em cursos para aperfeiçoar seu negócio? Já pediu um feedback dos seus funcionários sobre a sua gestão? Sua liderança se baseia nos seus próprios interesses ou também exalta a Cristo através do seu exemplo? Estabeleça metas para alcançar grandes objetivos! E se seu objetivo é ser próspero e não depender de ninguém, como sugere o tema da reflexão de hoje, você já sabe o caminho. Não vai ser fácil. Haverá muitos obstáculos pelo caminho, e você já sabe disso. Mas só vence quem não desiste. E lembre-se: os objetivos que realmente sustentam uma vida próspera são aqueles que nascem da intimidade com Deus.

Antes de estabelecer suas metas, pergunte-se: "Esse plano glorifica a Deus ou glorifica apenas o meu ego?"; "Isso vai me fazer depender mais de Deus ou mais de mim mesmo?".

A verdadeira liberdade não está em não depender de ninguém, mas em **depender unicamente de Deus** e saber que tudo o que vem das mãos Dele é perfeito, no tempo certo, sem esforço desnecessário ou dores que poderiam ter sido evitadas.

Hora de virar a chave

Tire um tempo para refletir sobre sua vida e buscar as respostas em Deus e, se quiser, faça anotações para reforçar suas metas:

- **Ore antes de planejar: Não comece nenhum plano sem buscar a direção de Deus. Separe um tempo hoje para consagrar seus próximos passos a Ele.**
- **Reescreva suas metas à luz da Palavra: Revisite suas metas atuais e pergunte: "Esse plano tem base bíblica? Honra a Deus? É movido por fé ou por medo?".**

- **Pratique a dependência estratégica: Faça sua parte com excelência, mas confie no mover de Deus para o que estiver fora do seu alcance. Não tente carregar sozinho aquilo que Ele pode resolver com uma palavra.**

“Quando a ansiedade nos dominar, devemos lembrar que Deus já tem nossa provisão preparada.”

Dia 19

Como vencer a ansiedade e recuperar o seu foco

Não andem ansiosos por coisa alguma, mas em tudo,
pela oração e súplicas, e com ação de graças,
apresentem seus pedidos a Deus.
Filipenses 4,6

Se perguntarmos a qualquer grupo de pessoas se alguém ali sofre de ansiedade, é bem provável que a maioria reconheça que sim. Medos excessivos e preocupação com situações futuras — que, na maioria das vezes, sequer vão acontecer. Criam-se cenários pessimistas que ocupam a mente e se tornam uma tortura.

O medo geralmente é a principal causa, e quando se torna frequente escraviza e paralisa nossas ações, nossos sonhos. Quantas vezes adiamos a realização de um projeto por medo ou ansiedade? Em Romanos diz: "Pois vocês não receberam um espírito que os escravize para novamente temerem, mas receberam o Espírito que os torna filhos por adoção, por meio do qual clamamos: 'Aba, Pai'" (Romanos 8,15). Existe promessa mais linda que essa? Quando éramos crianças e sentíamos medo, a primeira reação era correr para os nossos pais ou pessoas com quem nos sentíamos protegidos. Nesse versículo, Paulo diz que somos filhos de Deus e por isso não precisamos temer, basta confiar e chamar pelo nosso Pai.

No versículo-chave de hoje, o passo a passo para fugir da ansiedade é: orar, buscar a Deus, apresentar os pedidos a ele e ser grato. Quando leio sobre gratidão nesse texto, entendo que é sinônimo de **confiança**. É simplesmente saber agradecer por tudo de bom que Deus nos dá todos os dias, até mesmo as pequenas coisas, e então, com o coração grato, orar, entregar as preocupações a Ele e confiar que Ele está no controle de tudo.

Uma das histórias mais marcantes sobre ansiedade e a provisão de Deus é a que está em 1 Reis 17-19. Elias era profeta, e, após anunciar a seca sobre Israel, ele recebeu de Deus uma ordem clara: esconder-se junto ao ribeiro de Querite. O cenário era desafiador, pois sem chuva, a terra logo se tornaria árida e hostil. Mas Deus já havia preparado tudo. Durante dias, Elias bebeu da água do ribeiro e, para sua alimentação, algo extraordinário acontecia. Todas as manhãs e todas as noites, corvos traziam pão e carne para sustentá-lo. Era uma cena improvável — aves conhecidas por serem egoístas com a própria comida se tornaram instrumentos da provisão divina. Elias dependia inteiramente de Deus, e cada dia que passava era um lembrete de que, mesmo nas condições mais difíceis, o Senhor cuida dos seus.

Porém, logo o ribeiro secou. A seca se intensificava, e Elias precisava continuar sua jornada. Deus então o enviou a Sarepta, uma pequena cidade pagã, onde uma viúva estava passando necessidades com seu filho. Ao chegar, Elias encontrou a mulher recolhendo lenha e lhe fez um pedido aparentemente impossível: "Traga-me um pouco de água e um pedaço de pão?". A resposta da viúva revelou sua situação desesperadora: ela tinha apenas um punhado de farinha e um pouco de azeite, o suficiente para preparar uma última refeição antes de esperar a morte chegar. Mas Elias lhe deu uma palavra de fé. Ele garantiu que, se ela o servisse primeiro, Deus não deixaria faltar alimento em sua casa. A viúva, em um ato de confiança, fez conforme a palavra do profeta. E o milagre aconteceu. Dia após dia, a farinha não acabava e o azeite nunca secava. Enquanto a seca assolava a terra, aquela casa permanecia abastecida pela provisão divina.

O tempo passou, e Elias enfrentou um de seus maiores desafios ao confrontar os profetas de Baal no Monte Carmelo. Deus respondeu com fogo do céu, provando que era o único e verdadeiro Senhor. Mas a vitória não trouxe alívio imediato. Jezabel, furiosa com Elias, jurou matá-lo, e o profeta, tomado pelo medo, fugiu para o deserto. Depois de tudo que tinha vivido, de todos os milagres que testemunhara, ele estava exausto, ansioso e desanimado. Sentou-se debaixo de um zimbro e pediu a Deus que tirasse sua vida. Então, vencido pelo cansaço, adormeceu.

Foi nesse momento que Deus, mais uma vez, mostrou seu cuidado. Um anjo o despertou suavemente e lhe apresentou pão e água. "Levante-se e coma", disse. Elias obedeceu, mas logo voltou a dormir, ainda abatido. O anjo veio novamente e insistiu: "Coma, pois a sua jornada será longa". Elias comeu e bebeu, e, fortalecido por aquela refeição, caminhou por quarenta dias e quarenta noites até o Monte Horebe, onde teve um encontro profundo com Deus.

Essa sequência de eventos mostra o caráter do Senhor. Deus não apenas supriu Elias em momentos de necessidade, mas o fez de maneiras inesperadas: Ele usou corvos, uma viúva pagã e até um anjo para garantir que seu servo fosse sustentado. Em cada momento, Elias teve que confiar e depender exclusivamente de Deus. E é assim que devemos viver. Quando a ansiedade nos dominar, devemos lembrar que Deus já tem nossa provisão preparada. Quando o medo nos paralisar, precisamos entregar nossos pedidos a Ele. E quando nos sentirmos fracos e cansados, o Senhor nos fortalecerá para continuar.

Hora de virar a chave

- **Deus conhece nossas necessidades: Antes mesmo de Elias pedir ajuda, Deus já estava providenciando tudo o que ele precisava.**
- **A ansiedade nos faz perder de vista a provisão de Deus: Elias estava tão preocupado que se esqueceu dos milagres que já havia testemunhado. Muitas vezes, também nos deixamos dominar pelo medo e esquecemos das bênçãos que Deus já nos concedeu.**
- **Devemos apresentar nossos pedidos a Deus: Em vez de se desesperar, Elias conversou com Deus sobre seus sentimentos. Filipenses nos ensina a não ficar ansiosos, mas orar com gratidão, confiando que a paz de Deus guardará nossos corações (Filipenses 4,6-7).**

- **A gratidão nos fortalece: Elias só conseguiu continuar sua caminhada quando foi fortalecido por Deus. Quando agradecemos a Deus, mesmo em meio às dificuldades, somos renovados e fortalecidos espiritualmente.**

Ansiedade é o resultado de focar mais os problemas do que o poder de Deus. Quando deixamos de confiar Nele e tentamos controlar tudo sozinhos, nos sobrecarregamos emocionalmente. Jesus nos ensinou em Mateus: "Portanto, não se preocupem com o amanhã, pois o amanhã trará as suas próprias preocupações. Basta a cada dia o seu próprio mal" (Mateus 6,34). Deus nos convida a viver um dia de cada vez, confiando que Ele proverá o que precisamos, seja em nossa casa ou em nossa empresa.

“Gratidão não é apenas um sentimento; é uma decisão. Mesmo em meio a dificuldades, escolher agradecer é um ato de fé que declara: ‘Eu confio em Deus, independentemente das circunstâncias’.”

Dia 20

O poder de um coração grato nos negócios

Quem me oferece sua gratidão como sacrifício honra-me, e eu mostrarei a salvação de Deus ao que anda nos meus caminhos.
Salmos 50,23

Com certeza você já recebeu uma boa notícia em sua vida. Lembre-se agora dos melhores momentos que você já viveu. Vale o nascimento do filho, o dia do casamento, a notícia da cura de um familiar, alguma viagem ou experiência marcante. O estado neurofisiológico do cérebro nesses momentos de alegria traz o impacto emocional de prazer, abundância, satisfação e felicidade. Que sensação incrível!

Lembro-me de como foi me hospedar pela primeira vez em uma casa à beira-mar, em 2012, em Porto de Sauipe, na Bahia. Da janela, comecei a observar a imensidão do mar, o som das ondas, e o sentimento de paz me contagiava. Comecei a orar e agradecer a Deus por aquele momento e chorei ao contemplar aquela cena maravilhosa. Algo tão simples, mas que me trouxe um sentimento de contentamento inexplicável. Essa é apenas uma das muitas experiências que me remetem à gratidão.

A gratidão é uma expressão de honra e confiança em Deus. O versículo-chave deste capítulo nos ensina que, quando oferecemos ações de graças a Ele, não apenas reconhecemos Sua soberania, mas também nos alinhamos ao Seu propósito. Como empresários e líderes, muitas vezes podemos ser consumidos pela pressão de resultados e desafios, esquecendo-nos de parar e agradecer pelas bênçãos e pela provisão divina.

Gratidão não é apenas um sentimento; é uma decisão. Mesmo em meio a dificuldades, escolher agradecer é um ato de fé que declara: "Eu confio em Deus, independentemente das circunstâncias". Em Tessalonicenses, somos chamados a esta atitude: "Em tudo dai graças, porque esta é a vontade de Deus para vocês em Cristo Jesus" (1 Tessalonicenses 5,18).

Recentemente, conversando com meu psicólogo, falei que estava desanimada com alguns negócios que não tinham dado certo e que a semana anterior tinha sido angustiante. Naquele dia eu não estava bem. Comecei a reclamar, contando as situações que deram errado e me lamentando sem raciocinar muito sobre as palavras.

Depois de eu ter falado por cerca de quinze minutos ininterruptos, ele finalmente disse: "Karina, eu sei pouco da sua história. Conte-me como tudo começou". Então eu contei que, quando criança, ganhei bolsa integral para estudar em um colégio Adventista, uma excelente escola, mas que lá eu era humilhada pelas outras crianças, que me chamavam de "pobre" e riam dos meus materiais escolares, dos lanchinhos que eu levava para o recreio. Contei dos tempos difíceis em que recebíamos cartas de despejo e das muitas dificuldades financeiras pelas quais passamos, mas que o Senhor ouviu minhas orações e hoje eu me considero uma pessoa bem-sucedida. Naquele momento, ele me disse: "Karina, vejo que você é muito abençoada. Olha de onde Deus te tirou! Tem mais a agradecer do que reclamar".

Ele estava certo. Eu tenho muito mais a agradecer. E veja só... logo eu, que tanto prego sobre a gratidão! Nós somos assim mesmo. Lembra-se da história de Elias? Mesmo depois de presenciar milagres sobrenaturais, em um momento de dificuldade ele duvidou, reclamou e até pediu a morte. Nós, seres humanos, não somos perfeitos. Em alguns momentos nos sentiremos cansados e desanimados, e então vem o descontentamento. Porém, é sobre isso que a Palavra nos orienta! Em cada desafio, lembre-se de agradecer. Mesmo que você falhe e seja ingrato por um instante, pare, reflita e agradeça o que Deus já fez por você.

Quando surgirem momentos difíceis na sua empresa, lembre-se de como o Senhor já te sustentou e de quanto ele já proveu na sua vida.

Se focamos a gratidão, redirecionamos nosso coração das preocupações para as promessas de Deus. Essa prática renova nossa mente e nos ajuda a perceber as oportunidades e os presentes que já temos mesmo nos momentos de crise.

Uma história impressionante que ilustra esse tema é a de Israel no deserto após ser libertado do Egito (Êxodo 16; Números 11). Depois de anos como escravos no Egito, os israelitas testemunharam os milagres extraordinários de Deus para sua libertação. Viram as dez pragas, caminharam pelo Mar Vermelho que se abriu para eles e experimentaram a vitória contra o exército do faraó. Agora, estavam livres e caminhavam rumo à Terra Prometida. Mas, em vez de expressarem gratidão, começaram a reclamar.

No deserto, a comida era escassa, e rapidamente o povo esqueceu tudo o que Deus já havia feito. Começaram a murmurar contra Moisés e Arão, os líderes escolhidos por Deus, dizendo que teriam sido mais felizes como escravos no Egito, pois lá ao menos tinham comida em abundância. Eles preferiam a escravidão com comida à liberdade com desafios. Mesmo diante de tantos milagres, não conseguiam confiar plenamente em Deus.

Então, o Senhor, em sua misericórdia, enviou o maná, um pão vindo do céu, para alimentá-los diariamente. Cada manhã, o maná cobria o chão com uma fina camada de pão, e os israelitas podiam recolhê-lo e se alimentar. Deus estava suprindo suas necessidades de forma sobrenatural, mas, com o tempo, o povo novamente se tornou ingrato.

Eles reclamavam, estavam cansados do maná e queriam carne. Lembravam com saudade das cebolas, pepinos e da carne que comiam no Egito, ignorando completamente que lá eram escravos. A insatisfação crescia, e a reclamação chegou aos ouvidos de Moisés, que ficou angustiado com tamanha ingratidão. Deus, então, enviou uma grande quantidade de codornizes para que comessem carne, mas, devido à atitude ingrata, muitos morreram como consequência de seu pecado.

Essa história nos ensina que a ingratidão nos faz perder a perspectiva. Os israelitas estavam livres, mas não valorizavam a liberdade. Estavam sendo alimentados por Deus todos os dias, mas desprezavam o milagre. Muitas vezes somos como eles: focamos o que não temos e esquecemos tudo o que Deus já fez por nós.

A gratidão transforma nossa visão. Quando reconhecemos as bênçãos diárias de Deus, desenvolvemos um coração menos ansioso, mais leve e cheio de fé. Mas a ingratidão nos torna cegos para os milagres e nos afasta do propósito de Deus. Por isso, devemos sempre lembrar: "Em tudo dai graças" (1 Tessalonicenses 5,18).

Não precisamos ver grandes milagres para agradecer. Muitas pessoas oram todos os dias, pedindo a Deus a vida que **você** tem hoje! Agradeça pela sua saúde, por sua família, pela sua empresa e seus colaboradores, pela água potável, pelo alimento e pelos pequenos detalhes que mostram o quanto Deus te ama e cuida de você. Como honrar a Deus? Com um coração grato. A estes Deus mostrará Seu amor e salvação.

Hora de virar a chave

- **Reconheça o sucesso — pequeno ou grande.**
- **Veja os desafios como oportunidades de crescimento: Mesmo as dificuldades trazem lições e maturidade. Agradeça a força que Deus lhe dá para superá-las.**
- **Cultive a gratidão no ambiente de trabalho: Encoraje sua equipe com palavras de reconhecimento. Gratidão é contagiante e cria um ambiente positivo. Experimente fazer a seguinte dinâmica com seus colaboradores: peça que escrevam em um papel uma lista de coisas pelas quais são gratos. Você também deve participar. Essa ação fará com que o ambiente na sua empresa seja inundado de boas energias e bênçãos do Senhor.**
- **Ore com gratidão antes de pedir: Ao apresentar suas necessidades a Deus, comece agradecendo. "Não andem ansiosos por coisa alguma, mas em tudo, pela oração e súplicas, e com ação de graças, apresentem seus pedidos a Deus" (Filipenses 4,6).**
- **Faça regularmente o exercício de lembrar de onde você veio, de onde Deus te tirou: Demonstrar gratidão pelas conquistas e pelos livramentos que o Senhor nos deu faz com que nossa vida atraia ainda mais bênçãos e prosperidade.**

*“A fé não elimina
os desafios, mas nos
dá coragem para
enfrentá-los, sabendo
que Deus já preparou
o caminho.”*

Dia 21

Liderança sem medo: como agir com coragem em qualquer cenário

Por isso não tema, pois estou com você; não tenha medo, pois sou o seu Deus. Eu o fortalecerei e o ajudarei; eu o segurarei com a minha mão direita vitoriosa.
Isaías 41,10

Gosto de ilustrar minhas palestras com três situações. Na primeira, um pai coloca seu filho de dois anos em uma mesa alta e grita: "Filho, pula! O papai vai pegar você!". E a criança pula, confiante de que o pai vai segurá-la.

Na segunda, uma criança percebe que os pais atravessam uma situação financeira delicada. Você esperaria que à noite ela perguntasse: "Pai, amanhã vai ter café da manhã?". Não sei você, mas eu acho pouco provável que alguma criança pergunte isso aos pais.

Agora, imagine uma terceira situação: uma criança que está aprendendo a andar. Ao cair, durante esse processo, será que ela diria: "Pai, não quero mais aprender a andar, isso não é para mim"? Não, isso não acontece também.

A criança **confia no pai** que vai segurá-la quando ela pular. **Confia no pai** que vai prover o alimento amanhã e não duvida, não questiona. **Confia em si mesma** e sabe que vai conseguir andar. Tenta quantas vezes forem necessárias, e não desiste.

Muitas empresas poderiam crescer muito mais do que cresceram, ter resultados maiores do que tiveram, mas apenas uma coisa foi capaz de paralisar esses líderes: o medo. A falta de confiança em Deus.

O medo faz as pessoas recuarem e adiarem a prosperidade de seus negócios e a realização de sonhos. Ele é a voz que nos paralisa, dizendo que o fracasso é inevitável ou que não somos capazes. No entanto, Deus nos lembra que Ele está ao nosso lado, nos segurando com Sua mão direita vitoriosa (Isaías 41,10). Assim como as crianças nos cenários ilustrados confiam completamente, nós também precisamos confiar no Senhor que nos sustenta e nos guia. A fé não elimina os desafios, mas nos dá coragem para enfrentá-los, sabendo que Deus já preparou o caminho.

Talvez seja por isso que a Bíblia diz que para entrar no céu devemos ser como crianças. Porque as crianças confiam no pai e confiam em si mesmas. Da mesma forma, você vencerá o medo e as preocupações quando parar de tentar controlar tudo ao seu redor e confiar no seu Pai Celestial.

Hora de virar a chave

Duas ações para não ser paralisado pelo medo:

- **Ore e entregue suas preocupações a Deus: Confesse seus medos a Ele, peça força e direção, e lembre-se de que Sua mão poderosa está segurando você. *"Lançando sobre ele toda a sua ansiedade, porque ele tem cuidado de vocês"* (1 Pedro 5,7).**
- **Dê pequenos passos de coragem: Identifique e escreva uma ação simples e prática que você pode tomar hoje para avançar, mesmo com medo. Lembre-se de que a confiança em Deus cresce à medida que você age pela fé. *"Pois o Senhor, o seu Deus, estará com você por onde você andar"* (Josué 1,9).**

“A negatividade e a murmuração são termômetros que nos mostram quão afastados estamos de Deus. Se você murmura muito, é porque está orando pouco.”

Dia 22

A diferença que define o seu destino: clamar ou reclamar

Façam tudo sem queixas nem discussões.
Filipenses 2,14

Recentemente, liguei para uma pessoa com quem não conversava havia algum tempo. Depois de quase meia hora em ligação, senti um cansaço, um desânimo, um sono inexplicável. Percebi instantaneamente como conversar com uma pessoa murmuradora e que vive se queixando drena todas as nossas energias.

A neurociência explica que a neuroplasticidade nada mais é do que o cérebro construindo conexões com base em tudo a que é repetidamente exposto. Nossas decisões são formadas a partir dos pensamentos e ações que repetimos dia após dia. Quando a pessoa cria o hábito de murmurar, o cérebro começa a ver todas as possibilidades de maneira pessimista. Consequentemente, essa pessoa vive uma vida de descontentamento, não consegue alcançar seus objetivos, não enxerga oportunidades, não cresce e não prospera. Isso é cientificamente comprovado.

No trabalho é muito comum precisar conviver com alguém que critica tudo e todos, que inicia discussões e conflitos, gosta de argumentar e é dona da razão. Geralmente são pessoas assim que não têm progresso em diversas áreas da vida, não se destacam em papéis de liderança ou, não raras vezes, estão sempre com algum problema de saúde.

No livro de Números fica muito clara a impaciência de Deus com aqueles que murmuram continuamente: "Até quando esta comunidade ímpia se queixará contra mim? Ouvi as queixas desses israelitas murmurando contra mim" (Números 14,27). No contexto que segue, os israelitas enfrentam sérias consequências por não serem gratos e cultivarem o hábito do descontentamento e da ingratidão.

A negatividade e a murmuração são termômetros que nos mostram quão afastados estamos de Deus. Se você murmura muito, é porque está orando pouco. E imagino que você esteja aí pensando: "Poxa, eu já murmurei e reclamei algumas vezes hoje...". Calma.

Saiba que dificilmente encontraremos uma pessoa tão perfeita que nunca tenha cometido o pecado da murmuração. O problema não é pecar — somos humanos e falhos, é inevitável que isso aconteça —, é permanecer no pecado, continuar pecando deliberadamente e ignorar os sinais do Espírito Santo. É natural que você manifeste insatisfação com alguma coisa e até reclame, mas isso não deve se tornar um hábito.

Recentemente, estive em uma festa de aniversário e me sentei ao lado de uma cristã que me seguia nas redes sociais. Quem me segue sabe que eu posto a Bíblia todas as manhãs, às 5h, e alguns versículos nos *stories*.

Pois bem. Você sabe o que o diabo mais gosta de fazer? Acusar. Naquele dia, acho que falei alguma coisa sobre o tempo, não me lembro bem, só lembro que essa mulher me olhou com desprezo e disse: "Ué, você não é crente? Crente não murmura".

Respondi a ela no mesmo momento: "Pelo contrário, irmã. Os crentes também erram. Também pecam. Não sou perfeita, assim como você também não é. Por isso dependemos da graça e misericórdia de Deus todos os dias... se fôssemos tão perfeitos, de que serviria o sacrifício de Cristo? Jesus morreu pelos nossos pecados justamente porque, sozinhos, não conseguimos nos justificar a nós mesmos. Precisamos do amor, do perdão e da compaixão de Jesus. E sim, sou humana e falha. Às vezes eu erro. E você, nunca murmurou?". E, inacreditavelmente, ela respondeu: "Eu, não! Eu não reclamo de nada! Eu aprendi a ser grata em tudo!".

A reação dela me lembrou da parábola do fariseu e do publicano:

> E disse também esta parábola a uns que confiavam em si mesmos, crendo que eram justos, e desprezavam os outros:

> Dois homens subiram ao templo, a orar; um, fariseu, e o outro, publicano. O fariseu, estando em pé, orava consigo desta maneira: "Ó Deus, graças te dou, porque não sou como os demais homens, roubadores, injustos e adúlteros; nem ainda como este publicano. Jejuo duas vezes na semana e dou os dízimos de tudo quanto possuo". O publicano, porém, estando em pé, de longe, nem ainda queria levantar os olhos ao céu, mas batia no peito, dizendo: "Ó Deus, tem misericórdia de mim, pecador!". Digo-vos que este desceu justificado para sua casa, e não aquele; porque aquele que a si mesmo se exalta será humilhado, e o que a si mesmo se humilha será exaltado. (Lucas 18,9-17)

Cuidado com pessoas que arrotam santidade. As que se autojustificam e as que exaltam a si mesmas. Como na parábola acima, Deus se agrada muito mais de um pecador que se arrepende do que de um orgulhoso que alega infalibilidade.

Entenda o que desagrada o coração do Pai, como a murmuração, e faça de tudo para não cair nesse pecado, não o tornar um hábito. Mas, se isso acontecer, saiba que: "Se confessarmos os nossos pecados, Ele é fiel e justo para nos perdoar os pecados e nos purificar de toda injustiça" (1 João 1,9). Caiu? Peça perdão. Levante-se e continue. Vigie para não cair de novo.

Pela manhã, escreva em um caderno pelo menos três coisas pelas quais você é grato e comece seu dia com uma oração. Esse certamente será um primeiro passo eficaz em busca de um coração grato e, consequentemente, do seu sucesso profissional, emocional e espiritual.

Hora de virar a chave

Duas ações para combater a murmuração e praticar a gratidão:

- **Pratique a gratidão diária: Reserve alguns minutos todos os dias para listar três coisas pelas quais você é grato. Isso** ajudará seu cérebro a se concentrar no que é positivo. "Alegrem-se sempre. Orem sem cessar. Em tudo dai graças, porque esta é a vontade de Deus para vocês em Cristo Jesus" (1 Tessalonicenses 5,16-18).

- Evite conflitos e fale com graça: Sempre que se sentir tentado a reclamar ou discutir, respire fundo e escolha palavras que edifiquem, em vez de criticar. "A resposta branda desvia o furor, mas a palavra dura suscita a ira" (Provérbios 15,1).

*“Deus abre portas.
Ele jamais vai te orientar
a arrombar portas ou
pular a janela.”*

Dia 23

Como neutralizar a concorrência, a inveja e a ganância

O ganancioso provoca brigas, mas quem confia no Senhor prosperará.
Provérbios 28,25

No mundo dos negócios, a competição é natural e até saudável quando nos desafia a crescer e a oferecer o nosso melhor. Contudo, a ganância — o desejo insaciável de obter mais a qualquer custo — é um perigo que pode nos afastar dos valores cristãos, de nossos relacionamentos e, mais importante, de Deus.

O versículo de hoje nos alerta para os efeitos destrutivos da ganância: ela provoca conflitos, desunião e atitudes desonestas que prejudicam não apenas nossa reputação, mas também nossa paz interior.

A Bíblia cita o termo "ganância", que pode erroneamente ser confundido com "ambição". Ambos têm o mesmo objetivo: subir na vida, vencer. Representam o desejo de ter algo. Porém, enquanto a ambição é o desejo de conquistar algo pelo trabalho e pelo esforço próprio, a ganância é o desejo egoísta de ter o que é do outro, de acumular tudo para si e não dividir suas conquistas com ninguém.

A ganância provoca brigas, e vemos algo parecido quando falamos de herança na família, ou de disputa por cargos, reconhecimento e salários na empresa. Já vi empresários lançando "maldições" nos concorrentes. Na maioria das vezes, a ganância está ligada à inveja e ao desejo de conquistar coisas que são do outro, sem esforço, pegando atalhos.

Deus jamais vai te dar algo pelo qual você tenha que brigar constantemente com outras pessoas. Deus não vai tirar todos os clientes do seu concorrente e levar até sua loja até que ele fique sem nada. Deus também não vai preparar para você o marido ou a esposa que já é de outra pessoa. Deus abre portas. Ele jamais vai te orientar a arrombar portas ou pular a janela. Da mesma forma, se o cliente contratou o concorrente, esse negócio não era seu. Deus sabe o que faz e faz no tempo perfeito! Como diz nosso versículo-chave, "quem confia no Senhor prosperará" (Provérbios 28,25).

Prosperar não significa apenas obter ganhos financeiros, mas viver com propósito, paz e integridade. Quando confiamos que Deus é nossa fonte de provisão, evitamos a ansiedade de querer sempre mais e, inclusive, de amaldiçoar e querer o que é do outro.

Para vencer a ganância, precisamos adotar uma mentalidade de contentamento, conforme Paulo nos ensina em Filipenses: "Aprendi o segredo de estar contente em toda e qualquer situação" (Filipenses 4,12). Essa atitude nos protege da ganância e nos ajuda a enxergar oportunidades de abençoar os outros.

No começo deste livro, eu citei o início da minha jornada como empreendedora e o que as pessoas da minha cidade falavam em relação à minha concorrência. Como especialista em marketing, sempre oriento meus alunos de mentoria a realizarem o benchmark e consultar os criativos do concorrente na Biblioteca de Anúncios — para quem usa tráfego pago, é muito importante conhecer os passos do concorrente. Porém, isso ajuda apenas a construir estratégias fortes e a entrar no jogo do mercado de consumo. Ter conhecimento para saber se posicionar é uma coisa, usar de sabotagem é outra.

Muitas vezes nessa caminhada como mentora ouvi alunos contarem que algum funcionário saiu da empresa e usou a lista de clientes para abrir o próprio negócio, prejudicando o lugar que foi o seu ganha-pão. Isso é adquirir conhecimento? Claro que não. Isso é desonesto e com certeza não é uma atitude que agrada a Deus. Você acredita que uma pessoa pode ser abençoada quando age assim? No início, talvez. Mas essa semente mais cedo ou mais tarde trará frutos doentes.

Para conquistar o que queremos na vida passaremos sim por dificuldades. Todavia, Deus não te instruirá a buscar atalhos. Fuja de ofertas de dinheiro fácil, promoção fácil, conforto e riquezas sem trabalho. **Jamais seduza os peixes do aquário de quem te ensinou a pescar.** Na maioria das vezes, essas ofertas são distrações que te impedirão de viver o propósito de Deus para sua vida.

Hora de virar a chave

- **Pratique a gratidão diária: Liste três coisas pelas quais você é grato em sua vida pessoal e profissional.**
- **Evite comparações: Concentre-se no seu próprio progresso, em vez de ficar olhando para o que os outros têm ou fazem.**
- **Ore pedindo contentamento: Peça a Deus ajuda para confiar em Sua provisão e valorizar o que você já conquistou.**
- **Seja generoso: Doe tempo, recursos ou conhecimento para ajudar os outros. A generosidade combate diretamente a ganância.**
- **Foque parcerias, não rivalidades: Enxergue seus concorrentes não como inimigos, mas como oportunidades de aprendizado ou colaboração.**

Quando agimos com gratidão, confiança em Deus e generosidade, eliminamos o poder da ganância sobre nossa vida e encontramos a verdadeira prosperidade que vem do Senhor.

*“Falar de Deus,
orar e incentivar a
espiritualidade na minha
empresa não fez da
Karina uma gestora mais
fraca. Pelo contrário!”*

Dia 24

Receba de Deus os desejos mais profundos do seu coração — do jeito certo!

Se vocês, apesar de serem maus, sabem dar boas coisas aos seus filhos, quanto mais o Pai de vocês, que está nos céus, dará coisas boas aos que lhe pedirem!
Mateus 7,11

É comum, ao surgir uma situação ameaçadora, nos sentirmos vulneráveis e começarmos a buscar conselhos e soluções em todos os lugares. Procuramos pelos familiares para desabafar. Depois, os amigos. Em seguida, nosso líder religioso. Nos tempos atuais uma das primeiras reações diante de um problema é perguntar ao Google ou ao Chat GPT qual a possível solução. Por fim, vem a famosa frase: "Agora só me resta orar".

Orar e buscar a Deus diante de uma dificuldade deveria ser nossa primeira reação, e não o último recurso. Jesus diz que, **se pedirmos**, Deus está disposto a nos atender.

Um dia, ouvi uma história ilustrativa que me marcou. Imagine uma criança de apenas cinco anos tentando empurrar um armário pesado para pegar um brinquedo. Ao lado, o pai observa a reação do filho, apenas para ver até onde ele chegará com essa força que ele acha que tem. Seria tão simples se o filho dissesse: "Pai, por favor, me ajude empurrar esse armário?". E muitas vezes somos esse filho. Tentamos solucionar problemas com a nossa limitada capacidade humana. Buscamos orientações de tudo e todos e, apenas quando nada funciona, recorremos a Deus.

Buscar a Deus não é sinal de fraqueza, mas de sabedoria. Ele tem o poder de abrir portas, trazer soluções e conceder paz em meio à tempestade. Em vez de lutar sozinhos ou depender apenas de recursos humanos, devemos confiar que Ele está no controle e nos ama profundamente. O salmo nos lembra: "Deleite-se no Senhor, e ele atenderá aos desejos do seu coração" (Salmos 37,4).

A oração deve ser nossa primeira resposta, não a última alternativa. Deus é aquele que transforma situações impossíveis e nos concede mais do que pedimos ou imaginamos (Efésios 3,20). Quando entregamos tudo a Ele, aprendemos a descansar em Sua provisão e sabedoria.

Você que é empresário sabe que o seu trabalho como líder e as decisões que você toma podem impactar muitas vidas, seja a dos seus colaboradores ou a dos seus clientes. Por isso, a oração se faz ainda mais necessária.

Uma vez na semana me reúno com meus colaboradores para lermos a Palavra e orar. Quantas e quantas vezes choramos juntos! Compartilhamos forças e fraquezas, esperanças e medos. Fortalecendo-nos uns aos outros. Há quem diga que isso pode abalar a credibilidade de um líder, torná-lo fraco em sua gestão ou prejudicar a hierarquia no meio corporativo. Eu preciso discordar, porque comigo não tem sido assim. Falar de Deus, orar e incentivar a espiritualidade na minha empresa não fez da Karina uma gestora mais fraca. Pelo contrário! Nos últimos seis anos, todas as pessoas que passaram pela minha empresa tiveram uma experiência com Deus e, claro, sempre sugeri a participação nessas reuniões como algo totalmente opcional.

Porém, sabemos que o ambiente influencia, molda, convence. Várias pessoas que passaram pela empresa chegaram ali sem sequer saber orar. Afirmavam não ter qualquer contato com a Bíblia ou alguma rotina de oração. Por isso, vi nessa iniciativa um meio de evangelismo, porém nunca por meio impositivo. Acredito que Jesus não quer ser empurrado goela abaixo por ninguém, e nem quer que as pessoas o busquem por medo da punição ou do inferno, como a igreja primitiva um dia ensinou. Ele quer ser nosso amigo, quer ser convidado, quer ser bem-vindo em nossos corações. Por isso essa decisão deve ser voluntária.

Alguns dos meus colaboradores, no início, não queriam participar das reuniões, e eu sempre dizia que estava tudo bem, quando eles sentissem vontade de estar conosco, poderiam estar. E, passadas algumas semanas, sempre chegavam com a pergunta: "Ká, posso puxar uma cadeira para ouvir vocês hoje?". E dali em diante já começavam a ler e a orar também.

Alguns me perguntaram, como advogada, se eu não estaria infringindo a lei ao incentivar essa prática na empresa. Vou contextualizar. A própria Organização Mundial da Saúde (OMS) reconhece e valoriza a espiritualidade como parte integral da saúde, considerando-a um fator importante para o bem-estar físico, mental e emocional das pessoas. A fé e a espiritualidade são vistas como fontes de apoio, auxiliam no combate ao estresse e na prevenção ao suicídio.

O dr. Randolph C. Byrd publicou um estudo, em 1988, no qual dividiu pacientes de cardiologia em dois grupos, um com e outro sem oração, e demonstrou que o grupo da oração precisou de menos assistência respiratória e antibióticos, além de menos pacientes apresentarem piora de estado.[9] Segundo Byrd, os pacientes do grupo da oração precisaram de 6% menos assistência de respiração, 7% menos antibióticos e 5% menos diuréticos que os do grupo sem essa prática.

Orar e entregar nosso trabalho e nossos projetos na universidade ao Senhor fez com que nossa equipe fosse sempre muito unida. Graças a Deus, nesses anos todos, não houve problemas de relacionamento, brigas ou conflitos. Sempre presenciei muitos gestos de empatia e colaboração entre eles. Eles se ajudam e se compreendem. Sei que isso não é muito comum nas empresas, por isso me orgulho em compartilhar. Trazer Jesus para o nosso ambiente de trabalho sempre será a melhor escolha.

Escolha orar. E a partir de hoje, quando se vir diante de uma situação desafiadora, entregue tudo nas mãos do Senhor. **Que a oração seja sempre sua prioridade e não o seu último recurso.**

---

[9] Randolph C. Byrd, "Therapeutic Effects of Intercessory Prayer in a Coronary Care Unit Population". *Southern Medical Journal*, v. 81, n. 7, pp. 826-29, 1988.

Ele quer ouvir a sua voz! Ele está disposto a te ajudar! Ele concederá os desejos do seu coração, conforme o propósito Dele. "Peçam, e será dado; busquem, e encontrarão; batam, e a porta será aberta. Pois todo o que pede, recebe; o que busca, encontra; e àquele que bate, a porta será aberta" (Mateus 7,7-8).

Hora de virar a chave

- **Ore antes de agir: Sempre comece qualquer decisão importante ou desafio com oração, buscando a direção de Deus.**
- **Pratique a confiança diária: Lembre-se de que Deus cuida de você e de seus planos. Declare em fé: "Entrego minhas preocupações ao Senhor, pois Ele cuida de mim" (1 Pedro 5,7).**

“Quem se arrepende com sinceridade evitará ao máximo praticar o mesmo erro novamente e em Deus alcançará paz de espírito.”

Dia 25

A virada de chave: transformando remorso em arrependimento e crescimento

> *Agora, porém, me alegro, não porque vocês foram entristecidos, mas porque a tristeza os levou ao arrependimento. [...] A tristeza segundo Deus não produz remorso, mas sim um arrependimento que leva à salvação, e a tristeza segundo o mundo produz morte.*
>
> 2 Coríntios 7,9-10

Todos nós estamos sujeitos a errar. Somos humanos, frágeis e inevitavelmente tomamos decisões erradas ao longo da vida. Por esse motivo, algumas pessoas dizem que não se acham dignas de buscar intimidade com Deus e se afastam Dele. Mas veja o exemplo de Davi, que reconheceu seu erro, orou, pediu perdão e foi perdoado (2 Samuel 12,13).

Davi reconhecia que seu pecado não era apenas contra as pessoas envolvidas, mas, acima de tudo, contra Deus. Ele declara: "Contra ti, só contra ti, pequei e fiz o que tu reprovas" (Salmos 51,4). Esse reconhecimento é o primeiro passo para um arrependimento verdadeiro: entender que nosso pecado nos afasta da santidade de Deus, interrompe nossa comunhão com Ele e causa danos espirituais.

O arrependimento é uma atitude que vai além de reconhecer o erro; é uma decisão de mudança, motivada por um desejo genuíno de reestabelecer a comunhão com Deus. No Salmo 51, vemos o coração de Davi exposto, não apenas pelo peso do pecado, mas por seu profundo anseio de restaurar sua intimidade com o Criador. Esse arrependimento não é um ato de autopunição, mas uma súplica por restauração.

Diferente de um pedido superficial de desculpas, o arrependimento genuíno exige humildade para admitir nossa falha e disposição de transformação. Em Provérbios, lemos: "Quem esconde os seus pecados não prospera, mas quem os confessa e os abandona encontra misericórdia" (Provérbios 28,13). Deus não apenas nos perdoa, mas nos capacita a abandonar o pecado e seguir um novo caminho.

No entanto, o arrependimento não pode ser motivado apenas pelo medo das consequências. Ele deve vir de um coração que compreende o amor de Deus e deseja estar mais próximo Dele. Assim, o perdão se torna uma ponte para um relacionamento renovado com Deus.

Deus promete restaurar aqueles que se arrependem de coração. Em Isaías, Ele diz: "Ainda que os seus pecados sejam vermelhos como escarlate, eles se tornarão brancos como a neve" (Isaías 1,18). Isso nos lembra que não há erro tão grande que Deus não possa perdoar quando nos arrependemos verdadeiramente.

No texto-chave de hoje, da mesma forma, Paulo diz que, quando erramos, nos sentimos tristes, porém essa tristeza não deve ser por remorso, mas sim por arrependimento.

E qual a diferença entre remorso e arrependimento? No remorso, a pessoa sente uma amargura constante, continua se sentindo triste e culpada pelo resto da vida. Já o arrependimento é a tristeza temporária por ter praticado uma ação indesejada, e faz com que a pessoa mude imediatamente o seu comportamento. Quem se arrepende com sinceridade evitará ao máximo praticar o mesmo erro novamente e em Deus alcançará paz de espírito.

Se você sente que falhou e isso tem te afastado de Deus, impedido de orar ou gerado algum sentimento de culpa, faça como Davi. Ore, se arrependa e peça que Deus te perdoe. Sinta o abraço dele! Ele está disposto a te perdoar e lançar suas transgressões no mar do esquecimento, como diz em Miqueias: "De novo terás compaixão de nós; pisarás as nossas maldades e atirarás todos os nossos pecados nas profundezas do mar" (Miqueias 7,19).

Hora de virar a chave

Como praticar o arrependimento genuíno:

- **Reconheça o erro: Admitir que pecamos é o primeiro passo. Evitar justificar ou minimizar nossas falhas demonstra humildade.**
- **Clame pela misericórdia de Deus: Entenda que o perdão não é algo que merecemos, mas um presente dado pela graça de Deus.**
- **Busque uma mudança verdadeira: O arrependimento deve ser acompanhado por ações que refletem uma nova direção.**
- **Confie na graça de Deus: Não permita que a culpa permaneça; aceite o perdão de Deus e viva na liberdade que Ele concede.**

“Pedimos a Deus coisas que não estão de acordo com o propósito Dele para nós, coisas que no momento acreditamos precisar, mas Ele sabe que se tornarão um grande problema no futuro.”

Dia 26

Seu futuro está mais seguro nas mãos de Deus

Eu sei, Senhor, que não está nas mãos do homem o seu futuro;
não compete ao homem dirigir os seus passos.
Jeremias 10,23

Estar ansioso pelo dia de amanhã e buscar uma resposta imediata para tudo. Quem nunca? Geralmente queremos que a solução para o problema chegue hoje, que o sucesso seja conquistado hoje, que o milagre aconteça agora.

Estudei durante sete anos para concursos públicos e fui aprovada em quatro deles. Lembro-me da ansiedade e da inquietação para receber a nomeação e começar a trabalhar. Perdi noites de sono. Logo percebi que estranhamente todos os certames em que eu havia sido aprovada passavam por algum impedimento ou objeção. No dia 21 de março de 2019 eu orei, perguntando a Deus se ele tinha me esquecido.

Então, como contei no décimo quinto dia deste devocional, cinco meses depois recebi uma proposta para empreender e abrir minha primeira unidade de uma franquia de universidades. O negócio deu tão certo que abri mais três unidades em outras cidades, com um faturamento que jamais alcançaria em concurso nenhum. E claro, com a liberdade de ter meu próprio negócio.

Hoje fico rindo sozinha quando me lembro das orações "tolas" que fiz durante aqueles sete anos. Orações insistentes, querendo "para ontem" algo que nem era para mim! Meus olhos humanos não podiam ver a grandiosidade das bênçãos que Deus tinha para o meu futuro. Por isso, não deixe de orar, de buscar e confiar em Deus.

Gosto da ilustração daquela criança de sete anos que brigou na escola e chegou em casa pedindo ao pai que comprasse um revólver de verdade para ele, pois ele queria ameaçar o colega. Se você fosse esse pai, daria a arma? Claro que não! Mas na interpretação da criança provavelmente você não estaria sendo compreensivo e não estaria disposto a ajudá-la com aquele problema.

Quantas vezes não somos essa criança? Pedimos a Deus coisas que não estão de acordo com o propósito Dele para nós, coisas que no momento acreditamos precisar, mas Ele sabe que se tornarão um grande problema no futuro. Nesses casos, Deus, como um pai zeloso, responde-nos com um "não", ou simplesmente com o silêncio. E nós, como crianças birrentas, ficamos tristes, desanimados, questionando o "não" de Deus. Ah, se pudéssemos saber quantos livramentos Ele já nos deu não atendendo a algumas das nossas orações!

O versículo de hoje nos traz uma poderosa verdade: nossa capacidade de planejar, decidir e agir é limitada. Muitas vezes tentamos controlar todas as situações, acreditando que o sucesso depende exclusivamente de nossas escolhas e habilidades. No entanto, Jeremias nos lembra que o futuro não está em nossas mãos, mas nas mãos de Deus. Ele é quem dirige nossos passos e nos conduz segundo Seu plano perfeito.

Essa dependência divina não significa que devemos ser passivos ou negligentes em nossas responsabilidades. Pelo contrário, significa que nossas decisões e ações devem estar alinhadas à vontade de Deus. Como Provérbios diz: "O coração do homem traça o seu caminho, mas o Senhor lhe dirige os passos" (Provérbios 16,9). Devemos fazer nossa parte com diligência, mas confiar que Deus tem o controle dos resultados.

Quando reconhecemos que não somos donos do nosso futuro, nos libertamos da ansiedade e da pressão de tentar controlar tudo. Essa confiança traz paz e nos permite viver de forma mais leve, sabendo que Deus é fiel em nos guiar.

A história bíblica de Rute ilustra muito bem essa reflexão. Rute era uma jovem moabita, casada com um israelita. Seu mundo desabou quando perdeu o marido e, junto com ele, sua estabilidade, segurança e o futuro que havia imaginado. Como se não bastasse, sua sogra Noemi também havia perdido o marido e outro filho, marido de Orfa. Três mulheres sozinhas em uma época em que a mulher sem marido ou filhos era considerada vulnerável e sem valor social.

A decisão lógica seria que Rute voltasse para a casa dos pais e recomeçasse sua vida ali, onde teria amparo e perspectiva de um novo casamento. Mas ela fez algo surpreendente e contra toda lógica humana: decidiu seguir Noemi até Belém, uma terra onde seria estrangeira, rejeitada, pobre... e onde não tinha nenhuma garantia de sustento.

Rute não tinha um plano estratégico. Não sabia como seria acolhida. Não tinha certeza de nada — exceto de uma coisa: ela confiaria no Deus de Israel. Isso já bastava.

Chegando em Belém, começou a trabalhar recolhendo espigas caídas nos campos para garantir o alimento de cada dia. Sem ansiedade, sem desespero — apenas sendo fiel no pouco. E foi nesse campo, no lugar improvável, que ela conheceu Boaz, um homem justo, rico e temente a Deus — parente do falecido marido e, segundo a lei judaica, alguém que poderia resgatar sua família da miséria.

Boaz não só se encantou com a dedicação de Rute a Noemi e a sua fé, como a acolheu, casou-se com ela, e juntos tiveram um filho: Obede. Esse menino foi o avô de Davi — e a linhagem de Rute se tornou a linhagem de Jesus.

Quantas vezes nos sentimos como Rute: perdidos, inseguros, enfrentando perdas e sem uma estratégia clara para o futuro? Tentamos planejar, controlar tudo, mas há momentos em que simplesmente não sabemos o que fazer. Nessas horas, o melhor caminho não é a ansiedade, e sim a entrega. Não é controlar. É confiar.

A história de Rute nos ensina que Deus não precisa de planos perfeitos, Ele precisa da sua disposição. A fé muitas vezes começa com passos pequenos, como recolher espigas, e **aquilo que hoje parece escassez pode ser o solo onde Deus plantará sua grande colheita**.

Estude, trabalhe, seja honesto no seu trabalho, seja fiel a Deus e às pessoas, procure boas companhias, ore e faça sua parte. No tempo certo, Deus com certeza não deixará de fazer a Dele. Salmos nos encoraja: "Entregue teu caminho ao Senhor; confia nele, e Ele agirá" (Salmos 37,5).

Hora de virar a chave

- **Você está tentando controlar o futuro ou está entregando a Deus o comando?**
- **Quais áreas da sua empresa ou vida pessoal estão causando ansiedade? Você já apresentou isso em oração?**
- **Existe algo pequeno e simples que você pode fazer hoje com excelência e fé, mesmo sem ver o resultado imediato?**

Busque a direção de Deus em oração antes de tomar qualquer decisão importante. "Lembre de Deus em tudo o que fizer, e ele lhe mostrará o caminho certo" (Provérbios 3,6). Reconheça que, mesmo quando as coisas não saem como planejado, Deus tem um propósito maior, porque "Sabemos que Deus age em todas as coisas para o bem daqueles que o amam" (Romanos 8,28).

Que tal fazer um exercício? Escreva e se lembre do que Deus já fez por você, de onde Ele te tirou e de como isso se tornou uma bênção e te colocou no caminho que você verdadeiramente deve trilhar.

"Eu sei que Deus é meu amigo e converso com Ele como se assim fosse. Ter a consciência dessa amizade já me proporcionou experiências sobrenaturais."

Dia 27

Você saberá que Deus é seu sócio quando aprender a ouvi-lo

E creu Abraão em Deus, e isso lhe foi imputado como justiça, e foi chamado amigo de Deus.
Tiago 2,23

Muitos empreendedores oram por direção, por portas abertas, por estratégias e crescimento. E tudo isso é válido. Mas já pensou em simplesmente buscar a amizade de Deus? Não por interesse, mas por relacionamento.

Abraão foi chamado "amigo de Deus". Que título extraordinário! Ele não foi lembrado apenas por ser pai de uma grande nação, mas por seu relacionamento de confiança com o Criador.

A Bíblia diz que certo dia Deus ordenou a Abraão que saísse da terra que ele morava e fosse para um lugar que "Deus ia mostrar"; depois disso, Deus formaria através dele uma grande nação, uma grande descendência. Abraão obedeceu sem titubear. Também houve a ocasião em que Deus pediu que Abraão sacrificasse seu único filho — uma das histórias mais incríveis da Bíblia, na minha opinião. Abraão levou seu filho até o local de holocausto para sacrificá-lo, obedecendo a voz de Deus! Imagine o sofrimento desse pai!

Naquele momento de dor e aflição, Deus rapidamente proveu um carneiro para ser sacrificado no lugar de Isaque. Após Abraão demonstrar obediência e fé, "O Anjo disse: 'Não machuque o menino e não lhe faça nenhum mal. Agora sei que você teme a Deus, pois não me negou o seu filho, o seu único filho'" (Gênesis 22,12). Em seguida, "Abraão olhou em volta e viu um carneiro preso pelos chifres, no meio de uma moita. Abraão foi, pegou o carneiro e o ofereceu como sacrifício em lugar do seu filho" (Gênesis 22,13).

E sabe qual o desfecho dessa história? O anjo do Senhor reafirma a bênção e a promessa: "'Porque você fez isso e não me negou o seu filho, o seu único filho, eu juro pelo meu próprio nome', diz Deus, o Senhor, 'que abençoarei você ricamente'" (Gênesis 22,16). E Deus cumpriu a promessa que fez a Abraão.

Esse momento é um divisor de águas. Abraão demonstra confiar mais na aliança com Deus do que na própria promessa. E Deus, em resposta, prova que jamais falha com os que confiam nele.

Mas e quanto a nós? Teríamos coragem de abandonar nossa casa e partir sem rumo para algum lugar que não sabemos onde é, obedecendo a voz do Senhor? Será que teríamos coragem de sacrificar um filho como Abraão fez, ou como o próprio Deus fez ao entregar Jesus por nós?

Abraão confiava muito em Deus, tinha uma fé além do que possamos imaginar. E por isso foi chamado de amigo de Deus. Será que temos um relacionamento forte o suficiente com Deus para chamá-lo de amigo?

"Poxa, Karina... como vou comparar essa amizade de Abraão com Deus com o meu relacionamento com Ele?"

Olha, posso te dizer que não é necessário ir tão longe para estabelecer essa amizade. Eu sei que Deus é meu amigo e converso com Ele como se assim fosse. Ter a consciência dessa amizade já me proporcionou experiências sobrenaturais. Inclusive, vou contar uma delas aqui — no início parece bem boba, quase um conto infantil. Mas ao final você vai perceber o quanto Deus nos ama e quer a nossa amizade, e que essa amizade pode ser demonstrada nos mínimos gestos.

Na época em que eu trabalhava como gerente em uma metalúrgica, fazia faculdade à noite e estudava para concursos no tempo "livre", simplesmente não encontrava mais tempo sequer para ir ao mercado fazer compras. Era uma rotina insana. Um dia, no trabalho, ganhei de presente um abacate. E abacate amassadinho com limão espremido é a oitava maravilha do mundo, concorda?

Pois bem. Eu tinha o abacate. Mas não tinha o limão. E comecei a tentar encontrar algum horário para sair e comprar o limão, mas simplesmente não dava. Eu teria de ver aquele abacate cheiroso e madurinho estragar. Então, no caminho de casa para o trabalho, no carro, comecei a falar com Deus: "Nossa, Deus... eu queria comer aquele abacate, mas não vou ter tempo de comprar limão. Seria bom se eu encontrasse alguma forma de conseguir um limão, mas ainda não sei como posso fazer isso". Observe que foi uma conversa bem "boba", e eu não pedi nada. Apenas disse para Deus que eu queria um limão — e sim, pode rir, esse diálogo realmente acaba sendo engraçado.

Cheguei ao trabalho, estacionei. Quando abri a porta do carro e olhei para o chão, vi o quê? Um limão na calçada. Olhei ao redor, porque alguém poderia estar com a sacola furada, derrubando as frutas pelo caminho... ou poderia ter algum pé de limão bem próximo! Mas não, não era o caso. Era apenas UM limão. Aquele dia estava um sol de quarenta graus — típico de Presidente Prudente. Mas o limão estava lustroso e fresquinho. Parecia que alguém tinha, de fato, colocado ele ali.

Você pode achar uma grande besteira... pode rir e não acreditar. Entretanto, eu prefiro crer que tenho um Deus que é meu amigo e que ouve cada uma das minhas orações! Prefiro acreditar que Ele está atento a cada passo, cada sonho, cada projeto meu, e que Ele pode me ouvir e me orientar quando eu precisar — inclusive em detalhes tão pequenos quanto esse. Nesse dia, apenas olhei para o céu, franzindo a testa e espremendo os olhos marejados pelo brilho do sol e pela emoção de ser ouvida, e disse: "Obrigada, Papai. Eu sei que foi você". Nunca me senti tão amada.

Muitas vezes, como empresários, queremos garantias. Queremos números, provas, caminhos seguros. Mas Deus, como um verdadeiro amigo, deseja que o sigamos mesmo quando não temos todos os detalhes, como foi com Abraão.

Deus deseja que a nossa intimidade com Ele seja mais importante que qualquer bênção ou conquista, que você fale com ele no seu dia a dia, antes de qualquer decisão. Ele deseja que você ore e agradeça antes das refeições, que ensine seus filhos a orar, e que traga a espiritualidade para o seu time, para a sua empresa.

Talvez Deus não te peça algo tão radical como pediu a Abraão, porque Ele sabe das suas limitações. Talvez Ele peça apenas mais do seu tempo, mais da sua rotina... que você inclua na sua agenda um tempo de conversa e intimidade com Ele.

Durante quase seis anos eu dirigi grupos de adolescentes na igreja, e sempre trazia a seguinte reflexão: "Se aparecesse um estranho, alguém que você nunca viu, e pedisse para morar na sua casa... você aceitaria?". A maioria dizia que não. Então eu completava: "Pois é. Se aqui na Terra você não tem tempo para falar com Deus e não investe tempo em oração, não tem uma amizade com Ele... será que seria justo que ele aceitasse você no céu?". Acho forte essa reflexão. Quando perguntamos aos cristãos se eles pretendem morar no céu e viver a eternidade com Deus, todos dizem que sim, mas não conseguem dedicar dez minutos por dia a Deus aqui na Terra. Parece bem incoerente, não acha?

Medite hoje sobre sua amizade com Deus. Reflita sobre o que você espera dessa relação: você tem buscado mais as mãos de Deus e as bênçãos que Ele pode te dar ou tem buscado a face de Deus e o desfrute de estar com Ele simplesmente para contemplar quem Ele é?

Hora de virar a chave

- **Você tem reservado tempo para conversar com Deus como um amigo ou só O procura quando está em crise? Que tal separar dez minutos por dia só para agradecer e conversar com Ele?**
- **Você confiaria na direção de Deus mesmo sem entender o plano completo? Peça a Ele mais intimidade, não só respostas.**
- **Sua empresa tem sido apenas um meio de lucro ou um espaço onde Deus pode agir e ser seu sócio e amigo? Anote o que pode mudar a partir de hoje.**

“[...] precisamos estar atentos aos nossos pensamentos, ter postura e mentalidade positiva e, principalmente, estar sensíveis à voz de Deus.”

Dia 28

A ciência bíblica do pensamento que atrai resultados

Tenha cuidado com o que você pensa, pois a sua vida é dirigida pelos seus pensamentos.
Provérbios 4,23

James C. Hunter,[10] em *O monge e o executivo*, ressaltou o poder de transformar pensamentos em ações, ações em hábitos, hábitos em caráter, e o caráter em destino. Acredite, nós somos o que repetidamente pensamos.

Cada palavra que sai da nossa boca passa antes pelo filtro da nossa mente. Pessoas que **pensam** constantemente em coisas negativas **são** pessoas negativas, que atraem desastres, miséria e todo tipo de influência espiritual maligna. Isso é notório a qualquer um que se aproxima delas. A energia ruim ou, como alguns dizem, pesada, não passa despercebida.

Estudos dizem que processamos de 12 mil a 60 mil pensamentos por dia. Desses, muitos causam desgaste, cansaço e esgotamento mental. Isso ocorre porque criamos problemas que não existem, lembramos repetidamente do passado que nos machuca e ficamos apreensivos porque acumulamos pensamentos desnecessários.

Se você pensa que é uma pessoa próspera, assim será. Se você pensa que é abençoado, assim será. Ao começar seu dia, agradeça a Deus e diga: "Eu sou grato, as boas oportunidades chegam até mim. Hoje meu dia será uma bênção!". Cultivar o hábito de pensar positivamente vai ao encontro do que diz a Bíblia, em Filipenses: "Por último, meus irmãos, encham a mente de vocês

[10] James C. Hunter, op. cit.

com tudo o que é bom e merece elogios, isto é, tudo o que é verdadeiro, digno, correto, puro, agradável e decente" (Filipenses 4:8).

Já abordei neste livro a convivência com pessoas negativas e murmuradoras. Hoje quero trazer uma abordagem diferente: seus pensamentos podem te aproximar ou te afastar da solução que você precisa?

Meus mentorados sabem que começo ou termino as mentorias e os treinamentos com uma oração. O momento depende do assunto do dia, porém sempre tem a oração. Certo dia, uma mentorada chegou atrasada e com uma expressão de preocupação. Perguntei se estava tudo bem, e ela começou a contar um problema pessoal. Ali percebi que se continuássemos com a sessão ela não teria foco na mentoria. A mente dela estaria longe, focada no problema e buscando uma possível solução. Então tomei a iniciativa: "Vamos iniciar com uma oração?". Ela aceitou e, depois de orar, chorou muito. Disse que a oração foi como um analgésico para a alma dela, e que era tudo o que ela precisava naquele momento. Agora, imagine se diante daquela situação eu deixasse meus pensamentos se alienarem e começasse também a reclamar?

Por isso precisamos estar atentos aos nossos pensamentos, ter postura e mentalidade positivas e, principalmente, estar sensíveis à voz de Deus. Quando escolho ter atitude e pensamento positivos eu comando as minhas ações e faço com que elas sejam positivas também. Repito: pensamentos se transformam em ações, ações em hábitos, hábitos em caráter, e o caráter em destino.

No neuromarketing há o conceito de *priming*, e é importante que você, empresário, o conheça. O *priming* — preparação mental ou ativação antecipada — é um fenômeno da neurociência e psicologia que mostra que o cérebro responde a estímulos de forma inconsciente e automática, influenciando as nossas percepções, decisões e comportamentos.

Como isso afeta empresários e líderes? Você já acordou e disse ou pensou: "Hoje vai ser mais um dia difícil"? "Ninguém valoriza meu esforço"? "Não tem dinheiro circulando"? Essas afirmações, quando repetidas, programam seu cérebro para operar em modo de escassez e ameaça. Resultado?

- **Menos criatividade.**
- **Menos resiliência.**
- **Menos abertura a oportunidades.**

A neurociência mostra que o estado emocional afeta diretamente a atividade do córtex pré-frontal, responsável por decisões estratégicas, visão de longo prazo e inovação. Se você prepara sua mente com medo, frustração ou escassez, seu cérebro entra em modo defensivo e as decisões passam a ser baseadas em proteção, não em expansão.

Como usar o priming a seu favor

1. **Declare o que você quer atrair: "Hoje serei guiado com sabedoria"; "Meus negócios prosperam com equilíbrio e propósito"; "Sou um canal de bênção para minha equipe e meus clientes".**
2. **Crie um ambiente que estimule fé, foco e crescimento: Use quadros com versículos e afirmações positivas. Mantenha por perto livros e outros tipos de conteúdo que moldem sua mentalidade.**
3. **Evite palavras negativas ao falar da sua empresa: Nunca diga: "Essa equipe é péssima" ou "Essa cidade é fraca para vender". Isso programa seu cérebro para aceitar a mediocridade como realidade.**
4. **Treine sua equipe com frases e padrões positivos: "Aqui a gente resolve"; "Temos um ambiente leve"; "Somos solução para o cliente"; "Essa cidade é uma bênção".**

Inclusive, caro amigo leitor, **você não prospera no lugar que você não abençoa**. Talvez você não tenha prosperado ainda em algumas áreas porque tem o hábito de amaldiçoar a sua cidade, seu casamento, sua equipe, sua empresa.

Em outras palavras, o efeito *priming* acontece quando as coisas que você vê, ouve, lê ou repete ativam certas conexões mentais e moldam suas escolhas — seus pensamentos te comandam, mesmo sem você perceber. Por isso, mais uma vez vou salientar: selecione bem o conteúdo que você consome e as pessoas com quem se relaciona e comece a observar os seus próprios pensamentos.

Talvez você se depare com alguém que esteja com pensamentos pessimistas por de fato estar atravessando alguma fase difícil, como a minha mentorada. Se isso acontecer, seja a pessoa que fala de bênçãos, que tem a iniciativa de orar e proferir palavras que edificam e renovam.

Saiba que haverá dias em que Deus te usará como líder. Em outros dias, você será servo ou será líder e servo ao mesmo tempo. Você pode ser a boca de Deus, e sua vida pode ser a única "Bíblia" que alguém leu na vida. Por isso, policie-se o máximo que puder e mantenha seus pensamentos alinhados com o céu. Permita que Deus te use para ser bênção na vida de outras pessoas, e não âncora.

Hora de virar a chave

- **Tenho observado e corrigido os pensamentos automáticos que surgem ao longo do meu dia?**
- **Iniciei minha manhã declarando frases de gratidão e bênçãos, como: "Hoje será um dia de oportunidades"?**
- **Tenho evitado alimentar pensamentos negativos, repetitivos ou que me prendem ao passado?**
- **Me afastei de ambientes ou pessoas que cultivam reclamação e pessimismo?**
- **Escolhi conscientemente encher minha mente com aquilo que é verdadeiro, digno, correto e agradável, conforme o quarto capítulo de Filipenses?**

- **Em momentos de tensão ou preocupação, orei e entreguei meus pensamentos ao Senhor antes de tomar decisões?**
- **Tenho usado minha fala e postura para ser luz e influência positiva no ambiente empresarial e nas vidas ao meu redor?**

Escreva palavras que possam abençoar sua equipe, sua empresa, sua casa e seu dia. Retorne a este capítulo sempre que precisar.

"O que você tem deixado de pedir a Deus por achar que é 'demais'?"

Dia 29

Quatro pedidos para mudar seu destino — que estão na Bíblia

Jabez orou ao Deus de Israel: "Ah, abençoa-me e aumenta as minhas terras! Que a tua mão esteja comigo, guardando-me de males e livrando-me de dores". E Deus atendeu ao seu pedido.
1 Crônicas 4,10

O nome de Jabez significa dor, deserto, sofrimento. Ele foi nomeado por sua mãe, possivelmente por causa de um parto difícil ou circunstâncias traumáticas. Mas o texto diz que ele foi o mais respeitado de sua família. Como? Ele escolheu não ser definido pelo nome, pelo ambiente ou pelas limitações impostas por outros.

Jabez teve coragem de pedir a Deus tudo aquilo que sabia que não conseguiria conquistar sozinho. Em sua oração, ele pediu quatro coisas fundamentais:

1. **Bênção — porque ele sabia que favor divino vale mais do que estratégia humana.**
2. **Expansão — pediu para ter mais terras, mais espaço, mais impacto.**
3. **Direção — pediu que a mão de Deus estivesse com ele.**
4. **Proteção emocional e espiritual — pediu para ser guardado da dor, mesmo sendo esse o significado do seu nome.**

E a Bíblia afirma: Deus atendeu ao seu pedido.

Quantos empresários vivem aprisionados ao rótulo do passado? "Você não tem perfil pra isso." "Esse negócio não vai dar certo." "Você não tem estrutura." "Essa cidade não tem um bom público comprador." Mas assim como Jabez, você pode quebrar esse ciclo. Não por esforço humano isolado, mas pela coragem de entregar sua empresa a Deus e pedir expansão com ousadia.

O que você tem deixado de pedir a Deus por achar que é "demais"? Qual é a "terra" que você gostaria de conquistar, mas não teve coragem de apresentar a Deus com fé? Faça como Jabez. Ore com intencionalidade. Peça. Creia. Expanda.

Hora de virar a chave

- **Hoje, tive coragem de apresentar a Deus meus maiores sonhos e metas, mesmo que pareçam ousados demais?**
- **Escreva quais são as áreas da sua empresa em que você deseja ver expansão.**
- **Tenho colocado a mão de Deus como minha maior parceria nas decisões?**
- **Estou rompendo com rótulos antigos que me limitam como líder ou empreendedor?**
- **Acredito que posso ser respeitado, influente e abençoado, mesmo que minha história tenha começado em dor?**

*“Deus é bom.
Mas Deus também é
justo. Ele é tão bom que
nos permite plantar
o que quisermos, mas
também é tão justo que
faz com que cada um
colha exatamente
o que plantou.”*

Dia 30

O plano perfeito de Deus para sua vida

Ninguém tem maior amor do que este: de dar alguém a própria vida em favor dos seus amigos.
João 15,13

Quantas vezes tentamos "merecer" algo de Deus? Achamos que, se formos bons o suficiente, corretos o bastante ou espirituais o tempo todo, então Deus nos abençoará. Mas a verdade mais libertadora do Evangelho é que nada do que fizermos poderá nos salvar — e, ao mesmo tempo, não precisamos fazer nada além de crer.

A salvação não é salário. É um presente.

Imagine um filho que quebrou um vaso caro. Ele tenta colar os cacos com fita, esconder as rachaduras e agir como se estivesse tudo bem. Mas o pai vê. Em vez de puni-lo, o pai o abraça e diz: "Você é mais importante do que qualquer vaso".

"Karina, eu ainda não consigo entender! A Bíblia é cheia de regras! Como você pode dizer que não precisamos ser perfeitos para merecer o perdão e salvação?" Vou dividir essa pergunta em duas partes: primeiro, sobre a Bíblia ser cheia de regras, e segundo, sobre o porquê de sermos perdoados e salvos quando declaramos que Jesus é o Filho de Deus e nos arrependemos dos nossos erros.

A Bíblia é cheia de regras da mesma forma que o Código de Trânsito Brasileiro também é. Talvez por ser advogada e ter estudado por tantos anos o ordenamento jurídico, gosto de fazer esse tipo de comparação. Imagine se não existissem semáforos? Imagine se não existisse penalidade por excesso de velocidade e se não precisássemos de habilitação para dirigir? Será que todas as pessoas iriam — por ética e disciplina — conviver em harmonia e em ordem no trânsito sem precisar da legislação? Eu acredito que não. Da mesma forma, se não existisse o Código Penal no Brasil provavelmente teríamos muito mais crimes do que temos hoje.

Deus sabe o que é melhor para nós, e a Bíblia nada mais é do que um código ético e moral com algumas "cláusulas e alíneas" que chamamos de capítulos e versículos, compilados com o mesmo intuito: promover a ordem e as boas práticas entre o povo de Deus. Quando você, que é mãe ou pai, cita algumas regras de comportamento ao seu filho, provavelmente não é querendo impor medo ou desespero, mas porque sabe o que é melhor para ele e quer protegê-lo, quer vê-lo prosperar e ter paz com as outras pessoas. Da mesma forma, Deus nos deixou essa "carta" com orientações para que vivêssemos o melhor nesta terra.

Inclusive, Deus nos chama de filhos por adoção. Romanos diz: "Pois vocês não receberam um espírito que os escravize para novamente temerem, mas receberam o Espírito que os torna filhos por adoção, por meio do qual clamamos: 'Aba, Pai'" (Romanos 8,15). Esse versículo destaca que, através do Espírito Santo, somos adotados por Deus, tendo a liberdade de nos aproximar Dele como filhos, e não como escravos. E sim, a Bíblia contém muitas regras. Contudo, assim como você não rejeita o seu filho por ter infringido as regras da casa, Deus também não te rejeitará por ter falhado, mas espera que você se arrependa e recalcule a rota quando errar, porque quer o melhor para você. As palavras de juízo e julgamento que estão na Bíblia não são para impor medo; são um alerta das consequências do pecado, quando este é cometido deliberadamente. Assim também funciona no nosso ordenamento jurídico. Se uma pessoa comete infrações e dia após dia insiste em repeti-las, prejudicando as outras pessoas e inclusive **prejudicando a si mesma**, seria justo ela continuar impune?

Deus é bom. Mas Deus também é justo. Ele é tão bom que nos permite plantar o que quisermos, mas também é tão justo que faz com que cada um colha exatamente o que plantou. Você não vai plantar limões e colher morangos. Então, se quer uma vida próspera e abençoada por Deus, a Bíblia é o melhor manual que você pode encontrar.

Conheci nesses últimos anos pessoas que disseram não acreditar na Bíblia e que esse não era um livro escrito por um Deus de amor, pois tinha muitos relatos de guerras, mortes e injustiças. O problema é que essas pessoas queriam comparar a legislação e a cultura de um povo que viveu há 4 mil anos no deserto com a cultura do Brasil de hoje. Algumas lições e relatos na Bíblia não fariam realmente sentido para os dias de hoje, se fossem lidos fora do seu contexto histórico, cultural e espiritual. A Bíblia não foi escrita como um manual ocidental, moderno, com os filtros sociais da nossa época. E bem que eu gostaria de enviar uma mensagem no WhatsApp de Moisés para pedir uns conselhos e já começaria a seguir o perfil dele no Instagram para ver as selfies da travessia do Mar Vermelho. Os tempos eram outros!

Agora vou trazer um fato cultural para ilustrar melhor essa reflexão. Você sabia que na tribo Dani, na Indonésia, quando morre o marido ou o filho, as mulheres cortam a metade superior de um dos dedos e esfregam cinzas e argila no rosto para lamentar a morte de seus entes queridos? A tribo Dani vive em uma cidade chamada Wamen, onde só é possível chegar por avião — e é muito difícil. A tribo, que continua existindo em um local remoto na província de Papua, foi descoberta pelo missionário americano Richard Archbold em 1938. Ali, se você perdesse o marido e não amputasse um dos dedos, talvez fosse condenada por toda a tribo por não estar triste o suficiente ou não ter lamentado a morte do seu cônjuge. Da mesma forma, vemos rituais que para nós são estranhos, mas que são considerados normais em povos indígenas.

Quando estive em Dubai, confesso que fiquei perplexa ao ver aquelas mulheres com o rosto coberto, sabendo que elas não trabalham e são mantidas pelos maridos. Parece tão cruel! Porém, vi uma entrevista com uma mulher árabe em que ela dizia que achava um grande absurdo no Brasil os maridos "colocarem suas esposas para trabalhar". Que isso deveria ser um crime! Eles deveriam dar muitas joias e riquezas para que elas ficassem em casa, em alguns casos, junto com as outras concubinas. Já no Brasil, casar-se com duas mulheres também é ilegal.

Viu como existem até hoje fatos que nos deixam confusos e até indignados? Isso acontece porque olhamos outras culturas com os óculos da nossa própria realidade — e esquecemos que valores, costumes e interpretações mudam drasticamente conforme o tempo, o lugar e o sistema de crenças de cada povo.

Assim, a Bíblia narra acontecimentos reais dentro de contextos culturais específicos, mas sempre com o fio condutor do propósito eterno de Deus. Ela não é um livro que endossa tudo o que relata — ela registra, corrige, aponta, transforma. O fato de um comportamento estar na Bíblia não significa que Deus o aprovava; muitas vezes, Ele tolerava certas práticas até conduzir seu povo a uma revelação maior de justiça e amor, e algumas leis e condutas que Deus admitia na época eram necessárias para aquela cultura, aquela época, há 4 mil anos. Veja alguns exemplos:

1. **Proibição de comer morcegos e outros animais impuros (Levítico 11,13-19; Deuteronômio 14,11-18).**
2. **Mulher suspeita de adultério devia beber "água amarga" para julgamento divino (Números 5,11-31).**[11]
3. **Proibição de usar roupas com tecidos misturados, como lã e linho (Levítico 19,19; Deuteronômio 22,11).**

Além desses, há muitos outros trechos até mais estranhos na Bíblia. Tão estranhos como as práticas de outras culturas que mencionamos há pouco.

Por isso, interpretar a Bíblia com a mentalidade do século XXI, sem considerar o processo progressivo da revelação divina, é como julgar um livro pela capa ou assistir a uma série pulando os episódios centrais: você perde o enredo e acaba chegando a conclusões injustas.

---

[11] Ritual em que o sacerdote dava à mulher água com pó do tabernáculo e, se culpada, seu ventre incharia e ela se tornaria estéril.

Deus nunca compactuou com a maldade. Ele tolerou, conduziu e corrigiu povos inteiros para preservar uma promessa maior: a vinda de Jesus, o único que traria redenção eterna, não apenas para Israel, mas para toda a humanidade.

Por isso, a Bíblia precisa ser lida com discernimento espiritual e compreensão do plano de Deus ao longo dos séculos. Ela não é um livro de regras ultrapassadas. É uma carta viva, que revela o coração de Deus em todas as fases da história — inclusive hoje. Na Bíblia, além dessas dicas de boas práticas, encontramos relatos que nos dão motivação e reavivam a nossa fé, de pessoas que atravessaram as mesmas dificuldades que nós atravessamos e venceram. Então, se você for começar a ler a Bíblia pelo primeiro livro do pentateuco, Êxodo, provavelmente encontrará muitos trechos que soarão estranhos para o nosso tempo.

Algumas das leis da Bíblia ficam bem óbvias quando as analisamos sob a ótica de hoje. Naquela época, os homens usavam saias e vestidos, por exemplo, e eram proibidos de aparar a barba. Essa lei faria sentido para nossa cultura? Acho que não. Da mesma forma, a aliança que usamos hoje como símbolo de noivado, na Bíblia, era uma argola no nariz. No vigésimo quarto capítulo de Gênesis, o servo de Abraão, Eliezer, deu a Rebeca um pendente e uma pulseira como prova do amor de Isaque por ela. Foi aplicado na narina direita, sendo perfurado no meio da narina e abaixo. Essa era uma prova de que a moça estava comprometida. Hoje você usaria uma argola no nariz para mostrar que está noiva? Isso também não faz muito sentido. Por isso devemos interpretar as leis bíblicas de acordo com o seu tempo e, de qualquer forma, seria impossível cumprir todas elas.

Lembra que eu disse que dividiria a pergunta em duas partes? A primeira foi sobre a Bíblia ser cheia de regras. A segunda é sobre o cumprimento de todas essas regras.

Vamos citar algumas leis bíblicas que ainda são atuais. "As coisas que a natureza humana produz são bem conhecidas. Elas são: a imoralidade sexual, a impureza, as ações indecentes, a adoração de ídolos, as feitiçarias, as inimizades, as brigas, as ciumeiras, os acessos de raiva, a ambição egoísta, a desunião, as divisões, as invejas, as bebedeiras, as farras e outras coisas parecidas com essas. Repito o que já disse: os que fazem essas coisas não receberão o Reino de Deus" (Gálatas 5,19-21). Viu algum ponto semelhante ao que acontece nos dias de hoje?

E ainda podemos listar o que está em Provérbios, que ainda vale muito para os tempos de hoje: "Seis coisas o Senhor aborrece, e a sétima a sua alma abomina: olhos orgulhosos; língua mentirosa; mãos que matam gente inocente; mente que faz planos perversos; pés que se apressam para fazer o mal; testemunha falsa que profere mentiras e pessoa que provoca brigas entre amigos" (Provérbios 6,16-19).

Essas nos parecem mais familiares, não é mesmo? E quem nunca as cometeu? Quem nunca mentiu? Quem nunca murmurou? Quem nunca teve ciúme, inveja ou o sentimento de raiva ou ira? Já pensou se tivéssemos que cumprir tudo isso à risca e fôssemos condenados por infringir qualquer uma dessas leis? Ninguém seria salvo.

Imagine que você cometeu um crime, foi a julgamento e contratou um advogado. Agora imagine que estamos no tribunal diante de um juiz. O que seu advogado fará? Com certeza ele tentará de todas as formas convencer o juiz de que você não cometeu nenhum crime, de que você é inocente e não merece ser preso.

Porém, agora imagine que esse seu advogado é Jesus. Imagine que você está sendo julgado porque foi acusado de cometer muitos pecados. O que o seu advogado fará? Ele não vai dizer ao juiz que você é inocente. Pelo contrário, provavelmente ele diria algo do tipo: "Excelência, ele de fato errou. Pecou. Falhou e falhou muito. Infringiu todas as 'regras' que lhe foram impostas. Porém, estou aqui para pagar a pena por ele. Pode me levar, pois serei condenado e pagarei o preço no lugar dele".

Deus, por nos amar intensamente, estabeleceu alguns princípios — não para nos limitar, mas para nos proteger e nos conduzir ao caminho da vida. No entanto, Ele sabia que, por causa da nossa natureza imperfeita, o ser humano não conseguiria cumprir todos eles por si só.

No início, Deus permitiu que o povo oferecesse o sacrifício de animais como símbolo de arrependimento e purificação. Mas com o tempo esse ato se tornou apenas um ritual vazio. As pessoas sacrificavam sem quebrantamento, sem consciência do pecado, sem transformação verdadeira. E isso já não agradava mais a Deus, pois Ele sempre buscou o coração, não apenas gestos exteriores.

Foi então que Deus decidiu entregar o sacrifício perfeito, definitivo e irrepetível: Seu próprio Filho, Jesus Cristo. Ele morreu em nosso lugar, para que nenhum outro sacrifício fosse necessário — e para que qualquer pessoa, israelita ou não, pudesse receber perdão, reconciliação e vida eterna.

Agora, por meio de Cristo, todos os que creem são adotados como filhos de Deus, livres da culpa e cheios da graça.

Você já se sentiu insuficiente diante de Deus? Como se não fosse digno de orar, de pedir, de se achegar? A cruz é a resposta definitiva para isso. Ela grita que você é tão amado que o Filho de Deus trocou de lugar com você. Ele carregou sua culpa, seu medo, sua vergonha — e deixou tudo cravado ali.

> **Deus hoje te dá a oportunidade de viver uma vida em que a graça é maior que a culpa, a verdade é mais forte que a vergonha, e o amor venceu o juízo.** Você não precisa mais provar o seu valor. Você só precisa lembrar de quem você é em Cristo: filho amado, redimido, liberto. A cruz não é o fim da sua história. É simplesmente **o ponto de virada**.

Hora de virar a chave

- **Ore com ousadia, lembrando que você tem acesso direto ao Pai (Hebreus 4,16).**
- **Cancele a autossabotagem: Troque pensamentos de culpa por afirmações da graça: "Sou perdoado. Sou filho".**
- **Leia o oitavo capítulo de Romanos toda vez que se sentir indigno, e ele te lembrará que nada te separa do amor de**

Deus. Escreva como isso faz você se sentir.

- **Pare de tentar merecer o amor de Deus: Viva a partir do amor, não em busca dele.**
- **Lembre-se da cruz antes de ceder ao medo ou à vergonha. Ela é prova de que sua dívida foi paga.**
- **Afirme sua nova identidade diariamente: "Eu sou filho. Eu sou livre. Eu sou a nova criação".**
- **Cerque-se de palavras e pessoas que te lembrem da verdade, não da acusação.**

Agradecimentos

Quero dedicar esta obra primeiramente ao meu Deus, que me sustentou e me deu livramentos, saúde e vitórias por todos esses anos. Agradeço aos meus pais, Solange e José Augusto, que me conduziram aos caminhos do Senhor e foram os melhores pais que eu poderia ter. Também sou grata às pessoas que Deus colocou em meu caminho e me incentivaram e me apoiaram nessa árdua trajetória enquanto estudante, concurseira, advogada e empreendedora, especialmente a Michael Monteiro de Oliveira, Sebastião Monteiro e Neuza Monteiro de Oliveira, que me acompanharam, acreditaram em mim e foram minha base por longos catorze anos.

Não poderia deixar de agradecer também aos anjos enviados pelo Senhor, a quem tive a honra de chamar de colaboradores: Cláudia de Souza Cruz, Isabelly Costa, Guilherme Carvalho, Queren Hapuque, Giovana Vasconcelos, Maria Clara Buguas, Roberto Lúcio, Priscila Santana e Willian Careno.

Referências

BRUNET, Tiago. *Especialista em pessoas: Soluções bíblicas e inteligentes para lidar com todo tipo de gente*. São Paulo: Academia, 2020.

BYRD, Randolph C. "Therapeutic Effects of Intercessory Prayer in a Coronary Care Unit Population". *Southern Medical Journal*, v. 81, n. 7, pp. 826-29, 1988.

HILL, Napoleon. *Quem pensa enriquece!* Porto Alegre: Citadel, 2020.

HUNTER, James C. *O monge e o executivo: Uma história sobre a essência da liderança*. Rio de Janeiro: Sextante, 2004.

MASLOW, Abraham Harold. "A Theory of Human Motivation". *Psychological Review*, Washington, DC, v. 50, n. 4, pp. 370-96, 1943.

MEHRABIAN, Albert. *Nonverbal Communication*. New York: Routledge, 1972.

MEHRABIAN, Albert. *Silent Messages: Implicit Communication of Emotions and Attitudes*. Belmont, CA: Wadsworth, 1971.

ROBBINS, Tony. *Poder sem limites*. Rio de Janeiro: Best Seller, 2017.

SCHAFER, Jack; KARLINS, Marvin. *Manual de persuasão do FBI*. São Paulo: Universo dos Livros, 2015.

Dados Internacionais de Catalogação na Publicação (CIP)
(Câmara Brasileira do Livro, SP, Brasil)

Taconi, Karina
Sociedade com Deus: 30 dias para uma empresa próspera à luz da Bíblia / Karina Taconi
1ª. ed. — São Paulo: Buzz Editora, 2025.

ISBN 978-65-5393-491-7

1. Deus (Cristianismo) 2. Empreendedores
3. Empreendedorismo 4. Literatura devocional
5. Negócios - Aspectos religiosos - Cristianismo
6. Sucesso nos negócios I. Título.

25-292191.0 CDD-242

Índice para catálogo sistemático:
1. Literatura devocional 242

Maria Alice Ferreira, Bibliotecária, CRB-8/7964

PUBLISHER Anderson Cavalcante
EXECUTIVA Céfara Moraes
COORDENADOR EDITORIAL Nestor Turano Jr.
EDITORA Laura Camanho
EDITORA ASSISTENTE Érika Tamashiro
ASSISTENTE EDITORIAL Beatriz Furtado
PREPARAÇÃO Victória Gerace
REVISÃO Daniela Mendes e Julian F. Guimarães
CAPA E PROJETO GRÁFICO Maurício Nisi Gonçalves | Nine Design

COMERCIAL Vanessa Almeida, Taciane Ferreira, Taíres Pereira e Aline Cruz
COMUNICAÇÃO E MARKETING Leonardo Cavarzam, Isabelle Pelozzo, Rafaella Rhein e Ana Clara de Oliveira
EVENTOS Marisa Marianno e Rayana Alana
OPERAÇÕES Vera Dantas, Flávio Bombardi, William Araújo, Rafael Valentin e Zeni Martins dos Santos

Nesta edição, respeitou-se o novo Acordo Ortográfico da Língua Portuguesa.

BUZZ EDITORA LTDA.
AV. PAULISTA, 726, MEZANINO
CEP 01310-100, SÃO PAULO, SP
[55 11] 4171 2317
WWW.BUZZEDITORA.COM

FONTES Caecilia LT Pro e Essonnes
PAPEL Pólen Bold 70 g/m²
IMPRESSÃO Imprensa da Fé